AF336786

AVIS AU RELIEUR.

Les planches numérotées de I à **XVI** doivent être jointes au texte dans l'ordre suivant :

Et les planches de l'alphabet harmonique, marquées A, B, C, D, E, F, G, H, I, J, K, à la suite de celles qui forment le *Tableau général* des signes, chiffrées 1 à 21.

CHAMPOLLION le jeune.

PRÉCIS

DU

SYSTÈME

HIÉROGLYPHIQUE.

TEXTE.

CHAMPOLLION le jeune.

SYSTEME HIÉROGLYPHIQUE.

PLANCHES.

PRÉCIS

DU

SYSTÈME HIÉROGLYPHIQUE

DES ANCIENS ÉGYPTIENS,

OU

RECHERCHES

SUR LES ÉLÉMENS PREMIERS DE CETTE ÉCRITURE SACRÉE, SUR LEURS DIVERSES COMBINAISONS, ET SUR LES RAPPORTS DE CE SYSTÈME AVEC LES AUTRES MÉTHODES GRAPHIQUES ÉGYPTIENNES.

PAR M. CHAMPOLLION LE JEUNE.

PLANCHES ET EXPLICATION.

A PARIS,

Chez TREUTTEL et WÜRTZ, Libr., rue de Bourbon, n.° 17.
A Strasbourg et à Londres, même Maison de commerce.

1824.

IMPRIMERIE ROYALE.

TABLEAU GÉNÉRAL

DES

SIGNES ET GROUPES HIÉROGLYPHIQUES

CITÉS DANS CET OUVRAGE.

EXPLICATION DES PLANCHES.

I.º *Formes grammaticales.*

N.ᵒˢ 1. LES diverses formes du caractère hiéroglyphique exprimant les articulations P, PH, et qui répondant aux consonnes coptes ⲡ et ⲫ, font les fonctions d'*articles déterminatifs* masculins singulier.

2. Signe équivalant au copte ⲧ, *article détermina-tif,* féminin singulier.

3. Ces signes répondent au copte ⲛ, ⲛⲛ, ⲛⲉⲛ, préfixes, qui indiquent le *nombre pluriel.*

4. ⲛ, homophone des caractères précédens.

4. *a.* ⲛⲁ ou ⲛⲏ, ou ⲛⲁⲓ, espèce de *pronom démonstratif* qui se combine avec des groupes exprimant des noms, comme dans le passage suivant de l'inscription de Rosette (ⲛⲉ) ⲟⲩⲏⲏⲃ ⲛⲏ (ⲛ) ⲣⲡⲏⲩⲉ. *Les prêtres,* CEUX *des temples,* c'est-à-dire, les *prêtres appartenant aux temples de l'Égypte.* (Texte hiéroglyphique, ligne 12.)

a

N.ᵒˢ 5.   ⲛⲧ, mot conjonctif, répondant au copte thé-
          bain ⲛⲧ, et dont ce dernier n'est qu'une
          transcription, *qui, lequel, laquelle.*

6.   ⲉ, ce signe semble, dans certaines occasions,
     être la forme hiéroglyphique du conjonctif
     copte, ⲉ, *qui, que.*

7.   ⲡⲁ ou ⲫⲁ, *celui qui appartient à ;* copte, *idem ;*
     conjonctif possessif, masculin, préfixe.

7. a. ⲡⲁ ou ⲫⲁ, groupe homophone du précédent,
       et ayant la même valeur.

8.   ⲧⲁ ou ⲑⲁ, *celle qui appartient à ;* copte, *idem ;*
     démonstratif possessif, féminin, préfixe.

8. a. ⲧⲁ ou ⲑⲁ, groupe homophone du précédent et
       ayant la même valeur.

9.   ⲡⲧ, *celui qui, celui qui est à* ou *de ;* copte,
     ⲡⲉⲧ, ⲡⲉⲑ, démonstratif possessif, préfixe,
     masculin singulier.

10. 11.   Groupes homophones du précédent.

12.   ⲧⲛⲧ ou ⲑⲛⲧ, *celle qui, celle qui est à ;* copte,
      ⲧⲛⲧ, ⲧⲏⲛⲧ, démonstratif possessif, pré-
      fixe, féminin singulier.

13.   ⲕ ou ⲅ, pronom simple de la deuxième per-
      sonne, masculin singulier; copte, ⲕ, *toi.*

14.   ϥ, pronom simple de la troisième personne,
      masculin singulier; copte, ϥ *lui,* affixe.

15.   ⲧ ou ϥ, signe homophone du précédent, et
      ayant la même valeur.

16.   ⲥ, pronom simple de la troisième personne, fé-
      minin singulier; copte ⲥ, affixe.

17.   ⲛⲧϥ, ⲛⲧⲟϥ, pronom composé de la troisième

Tableau Général

des Signes et Groupes hiéroglyphiques.

1.° Formes Grammaticales.

personne, masculin singulier; copte ⲚⲦⲞϤ, ⲚⲦⲀϤ.

N.ᵒˢ 18. ⲚⲔ, *à toi*, pronom de la deuxième personne, masculin singulier; copte, ⲚⲀⲔ, ⲚⲈⲔ.

19. ⲚϤ, *à lui*, pronom de la troisième personne, masculin singulier; copte, ⲚⲀϤ, ⲚⲈϤ.

20. ⲚⲤ, *à elle*, pronom de la troisième personne, féminin singulier; copte, ⲚⲀⲤ, ⲚⲈⲤ,

21. .ⲣϤ, *à lui, vers lui :* ce groupe, dont le premier élément n'est point encore connu, est employé dans la cinquième ligne de l'inscription de Rosette, où il répond au copte ⲈⲢⲞϤ ou ϨⲀⲢⲞϤ.

22. 25. ⲞⲨⲈ, ⲞⲨⲒ. Désinences des groupes hiéroglyphiques exprimant des noms au nombre pluriel; copte, ⲨⲈ, ⲞⲨⲈ, ⲞⲨⲒ.

26. Ϥ, *préfixe*, indique la troisième personne du présent masculin singulier; copte, ϥ.

27. Ⲥ, *préfixe*; troisième personne féminin singulier du présent; copte, ⲥ.

28. Ϥ, *affixe*; troisième pers. du passé, masc. singul.

29. Ⲥ, *affixe*; troisième personne du passé, féminin singulier.

30. *a.* Ⲛ, *affixe*; troisième personne du passé, pluriel, genre commun.

30. ⲤⲚⲈ, ⲤⲚⲎ, *préfixe* et *affixe*, troisième personne du futur, pluriel, genre commun; copte, ⲤⲈⲚⲈ, ⲤⲈⲚⲀ.

31. Ⲥ, *préfixe*, troisième personne du présent, pluriel, genre commun; copte, ⲤⲈ.

a*

N.ᵒˢ 32.   ⲟⲩⲧ; désinence du participe passif; copte *idem*.

33.   ⲛ, préposition, *de*; copte *idem*.

34.   ⲛ, signes homophones du précédent, même valeur.

35.   ⲙ, préposition, *de, dans*; copte ⲉⲙ, ϧⲉⲛ.

36.   ⲙ, signes homophones des précédens, même valeur.

37.   ⲛⲧ, préposition, *de*; copte ⲛⲧⲉ.

38.   ϩⲓ, ϩⲏ, conjonction, *et*; copte ϩⲓ, ⲏ.

II.ᵒ *Noms divins phonétiques.*

39.   Ⲁⲙⲛ-(ⲛⲟⲩⲧⲉ), *Amon, dieu*, nom propre du Démiurge égyptien; copte, Ⲁⲙⲟⲩⲛ; grec, Ἀμουν, Ἀμμων.

39. *a.*   Ⲩⲛ, *men*, abréviation phonétique du nom *Amon*, qui paraît s'être jadis prononcé *Amen* ou *Emen*.

40.   Ⲁⲙⲛⲣⲏ-(ⲛⲟⲩⲧⲉ), *Amon-rê* ou *Amon-ra, dieu*; grec Ἀμονρα; autre nom du Démiurge.

41.   Ⲏⲃ-(ⲛⲟⲩⲧⲉ), *Néb* ou *Név, dieu*; le Ⲕⲛⲏⲫ des Grecs : selon toute apparence, les Égyptiens prononçaient ce nom *Hnév* ou *Hnèf*, en aspirant l'ⲛ. Dans le dernier groupe, le *belier* et le caractère *dieu* sont contractés en un seul.

42.   Ⲛⲟⲩⲃ-(ⲛⲟⲩⲧⲉ), *Noub* ou *Nouv, dieu*; nom transcrit par les Grecs sous la forme de Ⲭⲛουϐ-ⲓϛ et Ⲕⲛουⲫ-ⲓϛ; copte, Ⲛⲟⲩⲃ, ⲛⲟⲩϥ; conservé dans les noms coptes des villes égyptiennes.

2.° Noms Divins
Phonétiques:

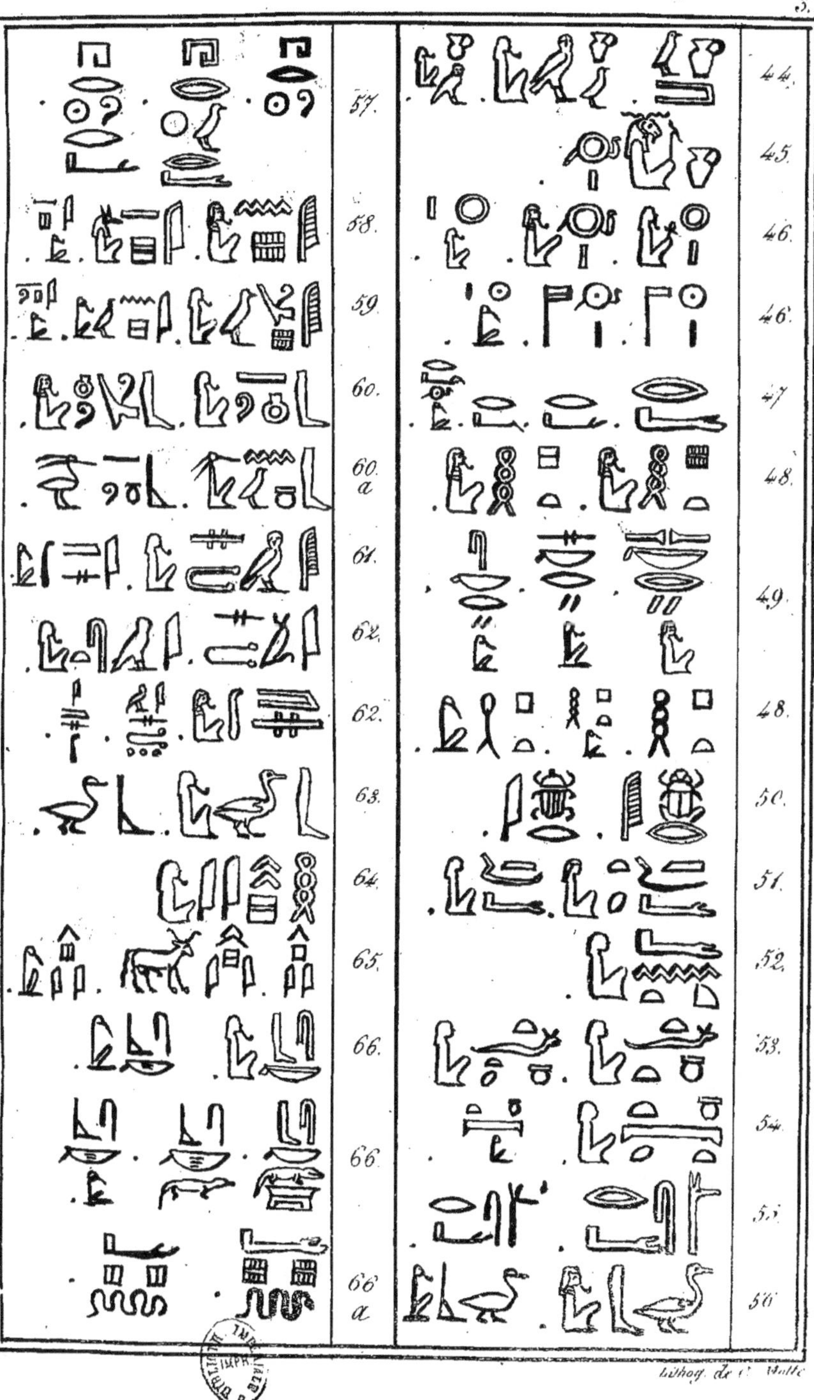

N.ᵒˢ 43. ⲚⲞⲨⲂ, ⲚⲞⲨⲂ-(ⲚⲞⲨⲦⲈ), *Noub*, *dieu*, variante du précédent.

44. ⲚⲞⲨⲘ, ⲚⲞⲨⲘ-(ⲚⲞⲨⲦⲈ), *Noum*, *dieu ;* nom de la même divinité, transcrit Χνουμ-ις, par les Grecs ; copte, ϨⲚⲞⲨⲘ, *Hnoum*.

45. ⲚⲂⲢⲎ-(ⲚⲞⲨⲦⲈ), *Novré*, *Nofré*, *Nofri*, variantes des noms précédens, et qui est à *Nouv* (N.ᵒˢ 42 et 43) ce qu'*Amonra* (N.ᵒ 40) est à *Amon* (N.ᵒ 39) ; grec, Νοφει-ς, conservé dans les noms propres égyptiens transcrits par les Grecs.

46. ⲢⲎ-(ⲚⲞⲨⲦⲈ), *Ré* ou *Ri*, *dieu* (le Soleil) ; copte, ⲢⲎ, ⲠⲢⲎ, ⳘⲢⲎ ; grec, Ηλιος.

47. ⲢⲎ, *le Soleil*, copte ⲢⲎ : groupe phonétique souvent accompagné de l'image même du dieu.

48. ⲠⲦϨ ou ⳘⲦϨ-(ⲚⲞⲨⲦⲈ), le dieu *Ptah* ou *Phtah*, le Vulcain égyptien ; copte, ⲠⲦⲀϨ ; grec, Φθα.

49. ⲤϬⲢⲒ ou ⲤⲔⲢⲒ-(ⲚⲞⲨⲦⲈ), *Socri*, *Socari* ou *Sogari*, *dieu*, un des noms ou surnoms de Phtah ; probablement le nom de divinité égyptienne que les Grecs ont écrit Σοχαρις.

50. ΘⲢ ou ⲦⲢ-(ⲚⲞⲨⲦⲈ), *le dieu Thor* ou *Toré*, une des formes du dieu *Phtah*.

51. ⲤⲦⲎ-(ⲦⲚⲞⲨⲦⲈ), *la déesse Saté* ou *Sati ;* nom de la Junon égyptienne, écrit Σατης ou Σατις par les Grecs. (Inscription des cataractes.)

52. ⲀⲚⲔ-(ⲦⲚⲞⲨⲦⲈ), la déesse *Anok*, *Anouk* ou *Anouké*, nom de la Vesta égyptienne, écrit Ανουκης ou Ανουκις par les Grecs. (Inscription des cataractes.)

N.º 53.   Tϥⲛⲧ-(ⲛⲟⲩⲧⲉ), *Tafné* ou *Tafnìt*, *déesse;* la compagne de l'Hercule égyptien.

54.   Ⲏⲧ-(ⲡⲉ) ou ⲛⲉⲧ-(ⲫⲉ) (ⲧⲛⲟⲩⲧⲉ), la déesse Netpé, Netphé, *Natphé* ou *Natpé*, nom égyptien de la mère d'Osiris, appelée Ⲣⲉⲁ, *Rhéa*, par les Grecs.

55.   Ⲟⲩⲥⲣⲏ, Ⲟⲩⲥⲣⲓ, ou bien Ⲟⲥⲣⲓ, *Ousiré, Oséré, Ousiri*, nom phonétique d'*Osiris*.

56.   Ⲥⲃ ou ⲱⲃ (ⲛⲟⲩⲧⲉ), le dieu *Sèb* ou *Scheb*, divinité égyptienne.

57.   Ⲁⲣⲱⲣⲏ, Ϩⲣⲟⲩⲣⲏ, *Aroéri, Harouêri*, nom d'une divinité égyptienne écrit Ⲁⲣⲱⲛⲉⲓⲥ par les Grecs.

Dans les groupes marqués *a*, le caractère figuratif *soleil* est accompagné de sa prononciation même, en signes phonétiques.

58,   Ⲁⲛⲡ-(ⲛⲟⲩⲧⲉ), le dieu *Anep, Aneb; voyez* le n.º suivant.

59.   Ⲁⲛⲡⲱ-(ⲛⲟⲩⲧⲉ), le dieu *Anébô, Anepô*, nom de divinité égyptienne transcrit par Ⲁⲛⲉⲃⲱ et Ⲁⲛⲟⲩⲃⲓⲥ par les Grecs.

60.   Ⲃⲏⲛⲱ-(ⲛⲟⲩⲧⲉ), le dieu *Bennô* ou *Vennô*, divinité égyptienne figurée avec la tête d'un oiseau échassier, souvent peint, comme signe déterminatif, à la suite du groupe phonétique qui exprime ce nom divin.

60. *a. Idem.* On peut observer dans ces différens groupes, l'échange de plusieurs caractères homophones.

61-62.   Ⲁⲩⲥⲏ ou Ⲁⲩⲥⲧ-(ⲛⲟⲩⲧⲉ), *le dieu Amsèt ou Omsèt*, nom du premier des quatre génies de l'Amenti ou enfer égyptien. Les cinq différentes manières dont ce nom est écrit, pré-

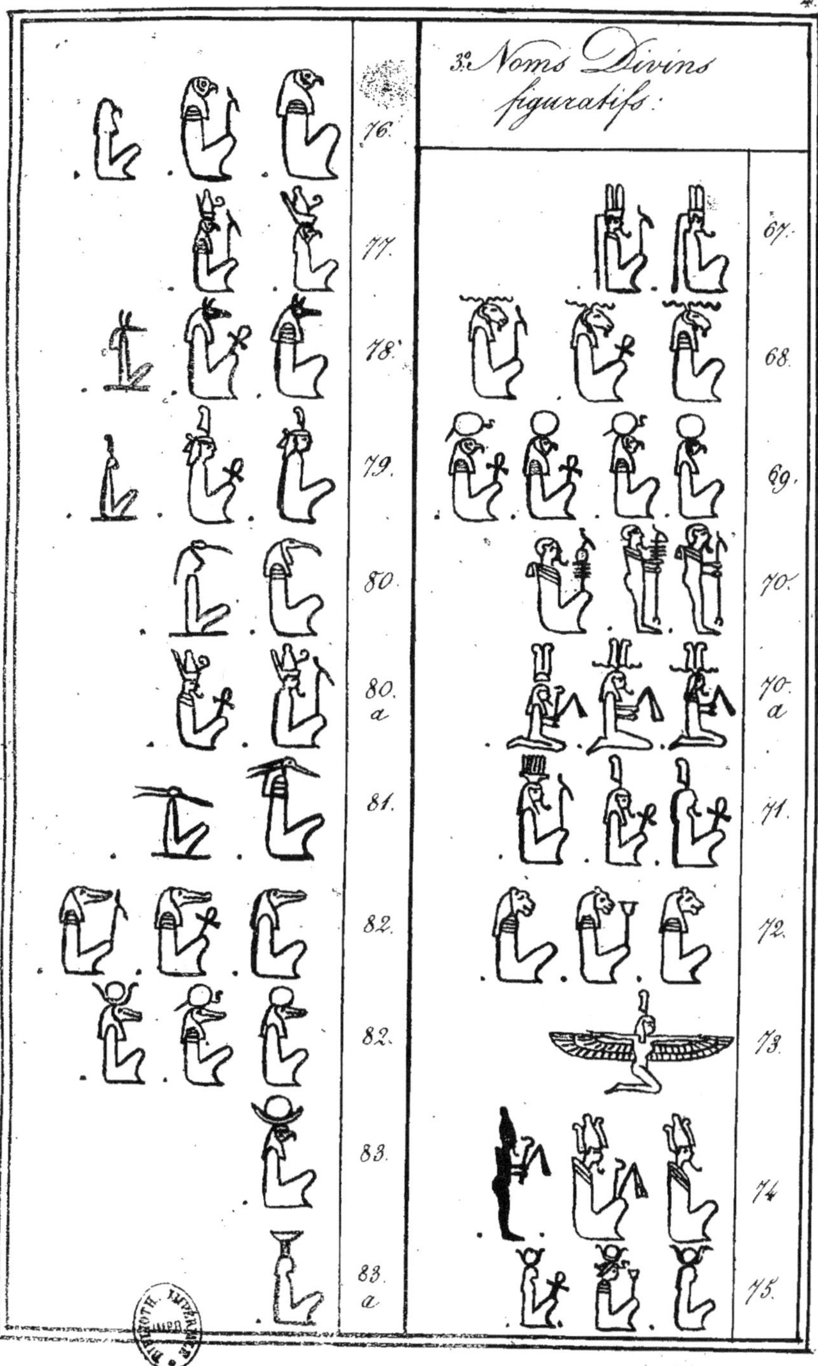

3.° Noms Divins figuratifs.
67.
68.
69.
70.
70. a
71.
72.
73.
74.
75.
76.
77.
78.
79.
80.
80. a
81.
82.
82.
83.
83. a
4.

sentent des exemples curieux de l'emploi des signes homophones.

N.ᵒˢ 63. Bc- (ⲛⲟⲩⲧⲉ), *le dieu Bés* ou *Bésa :* si ce nom que je n'ai trouvé que fort rarement dans les textes hiéroglyphiques, n'est point une variante vicieuse du groupe cⲃ, *Séb*, n.ᵒ 56, il peut être considéré comme l'orthographe égyptienne du nom du dieu appelé *Bésa* dans les auteurs, et que l'on retrouve sous la forme de ⲃⲏⲥⲁ, dans plusieurs noms propres égyptiens coptes.

64-65. ϩⲁⲡⲓ, ou ⲁⲡⲓ- (ⲛⲟⲩⲧⲉ), *Hapi* ou *Api, dieu,* nom du second génie de l'Amenti, représenté avec une tête de *cynocéphale.* La dernière variante du n.ᵒ 65 est terminée par le caractère d'espèce *bœuf* ou *taureau ;* ce qui identifie le dieu-bœuf *Apis,* avec le génie à tête de cynocéphale, nommé aussi *Api,* comme le taureau sacré de Memphis.

66. Cⲃⲕ, Cⲩⲕ- (ⲛⲟⲩⲧⲉ), le dieu *Sobk* ou *Sovk,* divinité égyptienne figurée avec une tête de crocodile, animal qui suit souvent, comme déterminatif, le groupe phonétique *Sovk ;* ce nom divin a été écrit Σουχιϛ par les Grecs.

66. *a.* ⲁⲡⲡ ou ⲁⲡⲫ- (ϩⲱϥ), *Apap, Apop* ou *Apoph ;* divinité égyptienne figurée sous la forme d'un serpent gigantesque, combattu et couvert de blessures par différentes divinités. C'est l'*Apopis* ou l'*Apophis,* ennemi du Soleil, dont parle Plutarque dans son *Traité d'Isis* et *d'Osiris.* Le *serpent* qui suit le nom phonétique, est

ici un signe figuratif ou d'espèce. (*Voyez* n.° 83 *a.*)

III.° *Noms figuratifs des dieux.*

N.°⁵ 67. Image d'*Amon* ou *Amon-ra*, employée dans les textes hiéroglyphiques *à la suite* ou bien *à la place même* des noms phonétiques, n.°⁵ 39 et 40.

68. Image de *Cnouphis*, à tête de belier, employée *à la suite* ou *à la place* des noms phonétiques, n.°⁵ 41, 42, 43 et 44.

69. Image du dieu *Ré* ou *Phré* (le Soleil), *à tête d'épervier, avec un disque*, accompagnant les noms phonétiques, n.°⁵ 46 et 47, ou en tenant la place.

70. Image du dieu *Phtah*, répondant aux groupes phonétiques, n.°⁵ 48.

70 *a.* Image du dieu *Phtah-Socari*, accompagnant ou remplaçant les groupes phonétiques *Phtah* et *Socari*, n.°⁵ 48 et 49.

71. Image du dieu *Som* ou *Gom*, l'Hercule égyptien, employée dans les textes à la suite ou à la place de ses noms phonétiques ou symboliques.

72. Image de la déesse *Tafné* ou *Tafnèt*, *à tête de lionne*, tenant la place du groupe n.° 53.

73. Image de la déesse *Netphé*, la *Rhéa* égyptienne, tenant la place ou bien mise à la suite du nom phonétique n.° 54.

74. Image d'*Osiris*, *roi de l'Amenti*, accompagnant ou remplaçant le groupe n.° 91, qui exprime le nom de ce dieu.

75. Image d'*Isis*, accompagnant ou remplaçant le nom de cette déesse, n.° 93.

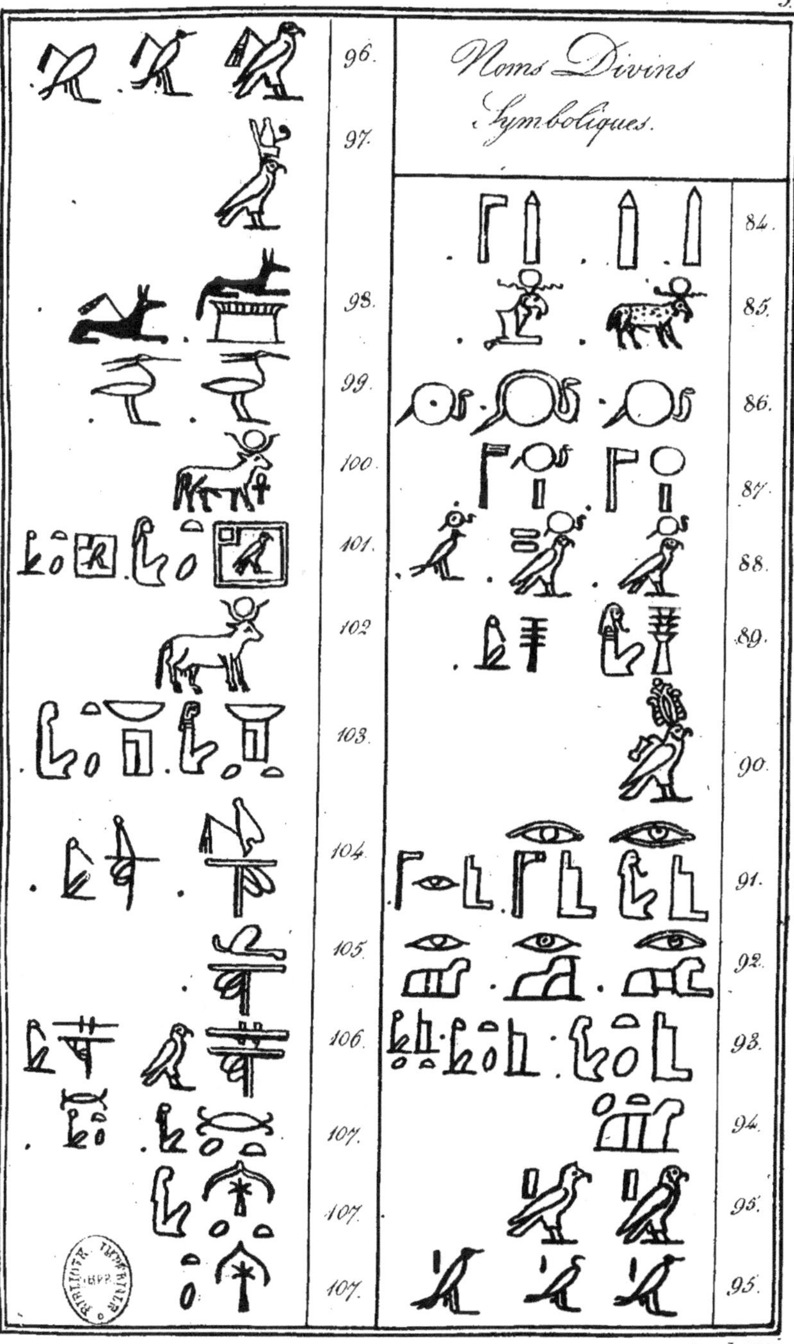
Noms Divins
Symboliques.

Noms propres de Souverains
Egyptiens.
(Pharaons.)

N.ºs 76. Image d'*Horus*, qui se met à la place ou à la suite des noms de ce dieu, n.ºs 95 et 96.

77. Image d'*Horus* ou *Arsiési*, à tête d'*épervier, coiffé du pschent;* même emploi que le précédent.

78. Image d'*Anubis*, à tête de *schacal*, accompagnant ou remplaçant les groupes n.ºs 58 et 59.

79. Image de *Saté*, remplaçant ou accompagnant le groupe phonétique n.° 51.

80. Image de *Thoth*, à tête d'*ibis*, accompagnant le nom symbolique de ce dieu, n.° 108 *b*, ou en tenant lieu.

80 *a*. Image du *Mars* égyptien, tenant la place de son nom phonétique.

81. Image du dieu *Bennô*, tenant lieu du nom phonétique n.° 60.

82. Image du dieu *Sovk*, à tête de *crocodile*, accompagnant ou remplaçant dans les textes le nom phonétique n.° 66.

83. Image du dieu *Aroéris*, employée à la place du nom phonétique.

83 *a*. Image de la déesse *Nephthys*.

IV.° *Noms symboliques des dieux.*

84. *Obélisque*, symbole d'Ammon, et tenant dans les textes la place des noms *phonétiques* et *figuratifs* de ce dieu, n.ºs 39, 40 et 67.

85. *Belier, la tête surmontée d'un disque*, nom symbolique du dieu *Cnouphis.*

86. *Le disque solaire*, souvent orné de l'*uræus*, nom symbolique du dieu *Phrê* ou *Rê* (le Soleil).

87. Variantes symbolico-phonétiques du précédent.

88. *Épervier la tête surmontée du disque solaire;* nom symbolique du dieu *Phrê.*

N.ᵒˢ 89. *Nilomètre*, suivi du signe d'espèce *dieu*, nom symbolique du dieu *Phtah*.

90. Épervier ayant la tête ornée d'une coiffure emblématique, nom symbolique de *Phtah-Socari*.

91. Nom ordinaire d'Osiris, considéré comme roi de l'*Amenti*, ou demeure des ames.

92. Nom d'Osiris, considéré sous un autre point de vue.

93. Nom ordinaire de la déesse *Isis*.

94. Nom de la déesse *Isis*, reine de l'*Amenti*.

95. Nom ordinaire du dieu *Horus* (ϩⲱⲣ, ϩⲁⲣ), *Hôr, Har* ou *Ar*.

96. Variantes du précédent.

97. *Épervier coiffé du pschent ;* nom symbolique d'*Horus* ou *Arsiêsi, Ar, fils d'Isis*.

98. *Schacal couché sur un autel, schacal armé du fouet ;* nom symbolique d'*Anubis*.

99. *Oiseau aquatique*, nom symbolique du dieu *Bennô*. (*Voyez* le n.º 60.)

100. *Taureau portant un disque sur ses cornes, et accompagné du signe de la vie divine ;* image et nom symbolique d'*Apis*.

101. *Maison ou édifice renfermant un épervier*, suivie des signes du *genre féminin* et du caractère d'espèce *déesse ;* nom symbolique d'*Athôr, Hathôr* ou *Athyr*, la Vénus égyptienne.

102. *Vache portant un disque sur ses cornes ;* nom symbolique d'*Athôr*.

103. Le caractère *Dominus* ou *Domina* (ⲛⲏⲃ) (*voyez* n.º 415), *placé sur un édifice*, accompagné des signes du *genre féminin* et du caractère d'espèce *déesse ;* nom symbolique de la déesse *Nephthys*, sœur d'Isis et d'Osiris.

119.
118.
117.
122.
121.
120.
123.
124.
125.
125, a.
Epoque Persane.

N.ᵒˢ 104. *La partie supérieure du pschent groupée avec le fouet et placée sur une enseigne;* nom symbolique d'un dieu égyptien, dont le nom phonétique est encore inconnu.

105. *Les parties postérieures d'un lion placées sur une enseigne;* nom symbolique du dieu conducteur de la barque de *Phré* (le Soleil.)

106. *Le caractère phonétique* ⲅ *, placé sur une enseigne;* nom symbolique d'Ammon générateur.

107. Nom symbolique d'une déesse qui paraît être la *Latone* égyptienne, la déesse *Bouto.*

108. Nom symbolique d'une déesse, probablement *Bubastis.*

108 *a. Un crocodile, la tête ornée du disque, et placé sur un autel;* nom symbolique du dieu *Sovk.*

108 *b. Un ibis perché sur une enseigne ;* nom symbolique du dieu *Thoth,* l'Hermès égyptien.

V.ᵒ *Noms propres des souverains de l'Égypte.*

§. I.ᵉʳ *Rois de race égyptienne.*

109. Prénom royal et nom propre du Pharaon *Aménophis I.ᵉʳ,* troisième roi de la XVIII.ᵉ dynastie. Les quatre premiers signes renfermés dans le second cartouche, forment le nom Ⲁⲙⲏⲛϥ, *AMÉNOF.*

110. Prénom royal et nom propre du Pharaon *Touthmosis,* septième roi de la XVIII.ᵉ dynastie ; le second cartouche porte (Ⲑⲱⲟⲩⲧ) ⲙⲥ, *THOÛTMÈS.*

111. Légende royale du Pharaon *Aménophis II,* huitième roi de la XVIII.ᵉ dynastie, et connu des

Grecs sous le nom de *Memnon;* le second
cartouche se lit ⲀⲘⲚϤ, AMÉNOF, suivi
d'un titre honorifique.

N.ᵒˢ 112. Légende royale du Pharaon *Ramsès, Ramésès* ou
Armais, quatorzième roi de la XVIII.ᵉ dynastie;
le cartouche nom propre se lit ⲀⲘⲚ.
(ⲢⲎ) ⲘⲤⲤ, *le chéri d'Ammon RAMSÈS.*

113. Légende royale du Pharaon *Ramsès-Méiamoun,*
quinzième roi de la XVIII.ᵉ dynastie; les quatre
derniers signes *du prénom* (ou premier cartouche) se lisent Ⲙ.ⲊⲘⲚ, *Méiamoun,* et le
second contient le nom propre ⲢⲎⲘⲤⲤ,
RAMSÈS, suivi d'un titre honorifique.

114. Légendes royales du Pharaon *Ramsès,* premier
roi de la XIX.ᵉ dynastie, conquérant connu
des Grecs et des Romains sous les noms de
Ramsès, Séthos, Séthosis, Sésoosis et *Sésostris.*

Le prénom contient le titre *appouvé par le
Soleil ;* le cartouche nom propre, dont on
peut voir toutes les autres variantes dans la
planche XII, placée vis-à-vis la page 213 de
notre ouvrage, renferme constamment les
mots ⲀⲘⲚⲘⲊⲒ ⲢⲎⲘⲤⲤ, *le chéri d'Ammon,
RAMSÈS.*

115. Legende royale du Pharaon *Ramsès,* fils et suc-
cesseur du précédent. Le prénom contient le
titre *approuvé par Ammon,* et le nom propre se
lit (ⲀⲘⲚ) Ⲙ. ⲢⲎⲘⲤⲤ, *le chéri d'Ammon,
RAMSÈS.*

116. Légende royale du Pharaon *Schéschonk,* premier
roi de la XXII.ᵉ dynastie, connu des Grecs sous
le nom de *Sesonchis,* et nommé *Sesak, Sches-
chak* ou *Schischak,* dans les livres saints. Le

prénom renferme le titre *approuvé par le Soleil*,
et le cartouche nom-propre se lit Ⲁⲙⲉⲛ.
ϢⲱϣⲛⲔ, *le chéri d'Ammon*, SCHÉSCHONK.

N.ᵒˢ 117. Légende royale du Pharaon *Osorchon*, second
roi de la XXII.ᵉ dynastie: le premier cartouche
ou *prénom* se termine par le titre Ⲁⲙⲉⲛ (ⲤⲦⲡ),
approuvé par Ammon; le second cartouche se
lit Ⲁⲙⲉⲛ. ⲞⲤⲞⲢⲔⲛ ou ⲞⲤⲞⲢϬⲛ, *le chéri
d'Ammon*, OSORKON ou OSORGON : c'est le
Zarach ou *Zorach* de l'Écriture sainte.

118. Cartouche nom propre, du Pharaon *Petubastés*
où *Petoubates*, premier roi de la XXIII.ᵉ dynastie, qui se lit ⲠⲦⲀϨ ϥⲦⲡ, *Ptahftèb*, ou
par abréviation, ⲠⲦⲀϨϥ, *Ptahf:* le cartouche
prénom est encore inconnu.

119. Légende royale du Pharaon *Osorthos*, second roi
de la XXIII.ᵉ dynastie, et fils du précédent ;
le nom propre se lit ⲞⲤⲢⲦⲤⲛ, *Osortasen*,
et renferme le nom phonétique d'*Osiris*.

120. Légende royale du Pharaon *Psammus*, fils du
précédent, et troisième roi de la XXIII.ᵉ dynastie : le nom du roi, placé à la suite du titre
Ⲁⲙⲉⲛ, *donné* ou *chéri d'Ammon*, est exprimé
symboliquement (*voyez ci-dessus*, pag. 199 et
200) par les parties antérieures d'un lion.

121. Légende royale du Pharaon *Psammiticus I.ᵉʳ*,
quatrième roi de la XXVI.ᵉ dynastie: le second
cartouche qui contient le nom propre porte
ⲠⲤⲙⲦⲔ ou ⲠⲤⲙⲦϬ, *PSAMETEK* ou *PSA-
MÉTIG*.

122. Légende royale du Pharaon *Psammiticus II*,
sixième roi de la XXVI.ᵉ dynastie : le nom
propre se lit de la même manière que celui

du roi précédent ; ces deux légendes royales
ne diffèrent que par le second signe de chaque
prénom.

N.ᵒˢ 123. Légende royale du Pharaon *Néphereus*, premier
roi de la XXIX.ᵉ dynastie : le prénom renferme
le titre *chéri des dieux*, et on lit dans le second
cartouche, Ⲛⲁⲓϥⲣⲟⲩⲏ, *NAIPHROUÉ* ou
NAIPHROUI.

124. Légende royale du Pharaon *Acoris*, second roi
de la XXIX.ᵉ dynastie, et fils du précédent ; le
prénom renferme le titre *chéri de Cnouphis* ; le
second cartouche se lit Ϩⲁⲕⲣ, *HAKER* ou
HAKOR.

§. II. *Rois de race persane.*

125. Cartouche renfermant le nom propre de *Xerxès*,
écrit Ϧϣⲏⲁⲣϣⲁ, *KHSCHÉARSCHA*, suivi
d'un groupe qui paraît devoir se lire ⲓⲣⲓⲛⲁ,
Irina ou *Iriéno*, et signifier *Iranien*, c'est-à-dire
Persan.

125 *a*. Le même nom propre en caractères *cunéiformes*
ou *presépolitains*; il est gravé sur un vase d'albâtre du cabinet du Roi, au-dessus du cartouche qui contient le nom hiéroglyphique de
Xerxès.

§. III. *Rois de race grecque.*

127. *Le roi, approuvé et chéri par Amon-ra, fils du
Soleil,* Ⲫⲗⲓⲡⲟⲥ, *PHILIPPE*. Cette légende
royale se rapporte ou à Philippe *père* d'Alexandre le Grand, ou à *Philippe Aridée*, son frère,
roi reconnu en Égypte.

N.ºs 126. *Le roi, approuvé et chéri par Amon-ra, fils du Soleil,* ⲀⲖⲔⲤⲀⲚⲦⲢⲤ, *ALEXANDRE* (le Grand.)

128. *Le roi, DIEU SAUVEUR* (1) *approuvé par Ammon et Isis, fils du Soleil,* ⲠⲦⲞⲖⲘⲎⲤ, *PTOLÉMÉE* (Πτολεμαιος) : légende royale de *Ptolémée Soter Ier*

129. ⲂⲢⲚⲒⲔⲤ (Βερενιϰης pour Βερενιϰη), *BÉRÉNICE ;* nom propre hiéroglyphique de la reine Bérénice, femme de Ptolémée Soter Ier

130. *Le roi chéri d'Amon-ra . . . . fils du Soleil,* ⲠⲦⲞⲖⲘⲎⲤ, *PTOLÉMÉE :* légende royale de *Ptolémée Philadelphe.*

131. ⲀⲢⲤⲚⲈ (Αρσινοη), *ARSINOÉ ;* nom propre de la reine Arsinoé, femme de Ptolémée Philadelphe.

132. *Le roi, DIEU ÉPIPHANE, ... approuvé par Phtah, image d'Amon-ra, fils du Soleil,* ⲠⲦⲞⲖⲘⲎⲤ, *PTOLÉMÉE, toujours vivant, chéri de Phtah :* légende royale de *Ptolémée Épiphane.*

133. *Le roi . . . . . . approuvé par . . . . . . image vivante d'Amon-ra, fils du Soleil,* ⲠⲦⲞⲖⲘⲎⲤ, *PTOLÉMÉE, toujours vivant, chéri de Phtah et d'Isis :* légende royale de Ptolémée *Philométor.*

134. *Le roi, DIEU ÉVERGÈTE, approuvé par Phtah, image vivante d'Amon-ra, fils du Soleil,* ⲠⲦⲞⲖⲘⲎⲤ, *PTOLÉMÉE, toujours vivant, chéri de Phtah :* légende de *Ptolémée Évergète II.*

---

(1) Le titre *dieu sauveur* est répété deux fois, parce que le nom du roi Ptolémée est suivi souvent de celui de la reine sa femme. Cette observation s'applique en général à tous les cartouches *prénoms des Lagides.*

N.ᵒˢ 135. ⲔⲖⲈⲞⲠⲀⲦⲢⲀ, *CLÉOPÂTRE* ; nom de la reine
sœur et femme d'*Évergète II*, et veuve de *Phi-*
lométor.

136. ⲔⲖⲈⲞⲠⲦⲢⲀ, *CLÉOPÂTRE*, fille de la précé-
dente, et seconde femme d'*Évergète II.*

137 *a* et *b*. *Le roi, dieu*.... *approuvé par Phtah, image vivante*
d'Amon-ra.., fils du Soleil, ⲠⲦⲖⲞⲘⲎⲤ ⲈⲦⲞ̀
ⲀⲖⲔⲤⲚⲦⲢⲤ, *PTOLÉMÉE ALEXANDRE*,
toujours vivant, chéri de Phtah ; légende royale
de *Ptolémée Alexandre I.ᵉʳ*, surnommé aussi
Philométor II.

138. ⲔⲖⲈⲞⲠⲀⲦⲢⲀ, ⲔⲖⲈⲞⲠⲦⲢⲀ, *CLÉOPÂTRE*,
fille de *Ptolémée Aulète.*

139 - 139 *a*. ⲠⲦⲞⲖⲘⲎⲤ ⲈⲦⲞ̀ ⲚⲞⲨⲔⲎⲤⲢⲤ, *Ptolémée Néo-*
césar, toujours vivant, chéri de Phtah et d'Isis,
ou bien *chéri d'Ammon et d'Isis*, comme porte
le second cartouche : légende de Ptolémée
Césarion, fils de Cléopâtre et de Jules César.

§. IV. *Souverains romains.*

140. *Le roi,* ⲀⲞⲦⲞⲔⲢⲦⲞⲢ, *empereur, fils du Soleil,*
ⲔⲀⲒⲤⲀⲢⲤ (Καισαϱς *pour* Καισαϱ),
CÉSAR : légende de l'empereur *César Auguste.*

141. ⲚⲎⲂ - ⲦⲞ - ⲀⲞⲦⲔⲢⲦⲢ - ⲢⲎ - ⲤⲒ - ⲦⲂⲢⲒⲤ -
ⲔⲀⲒⲤⲢⲤ. *Le seigneur du monde, l'empereur,*
enfant du Soleil, TIBÈRE César, toujours vivant :
légende de l'empereur *Tibère.*

142. ⲀⲞⲦⲔⲢⲦⲢ - ⲔⲀⲒⲤ, *L'empereur CAÏUS, tou-*
jours vivant, chéri de Phtah et d'Isis : légende
de l'empereur *Caïus Caligula.*

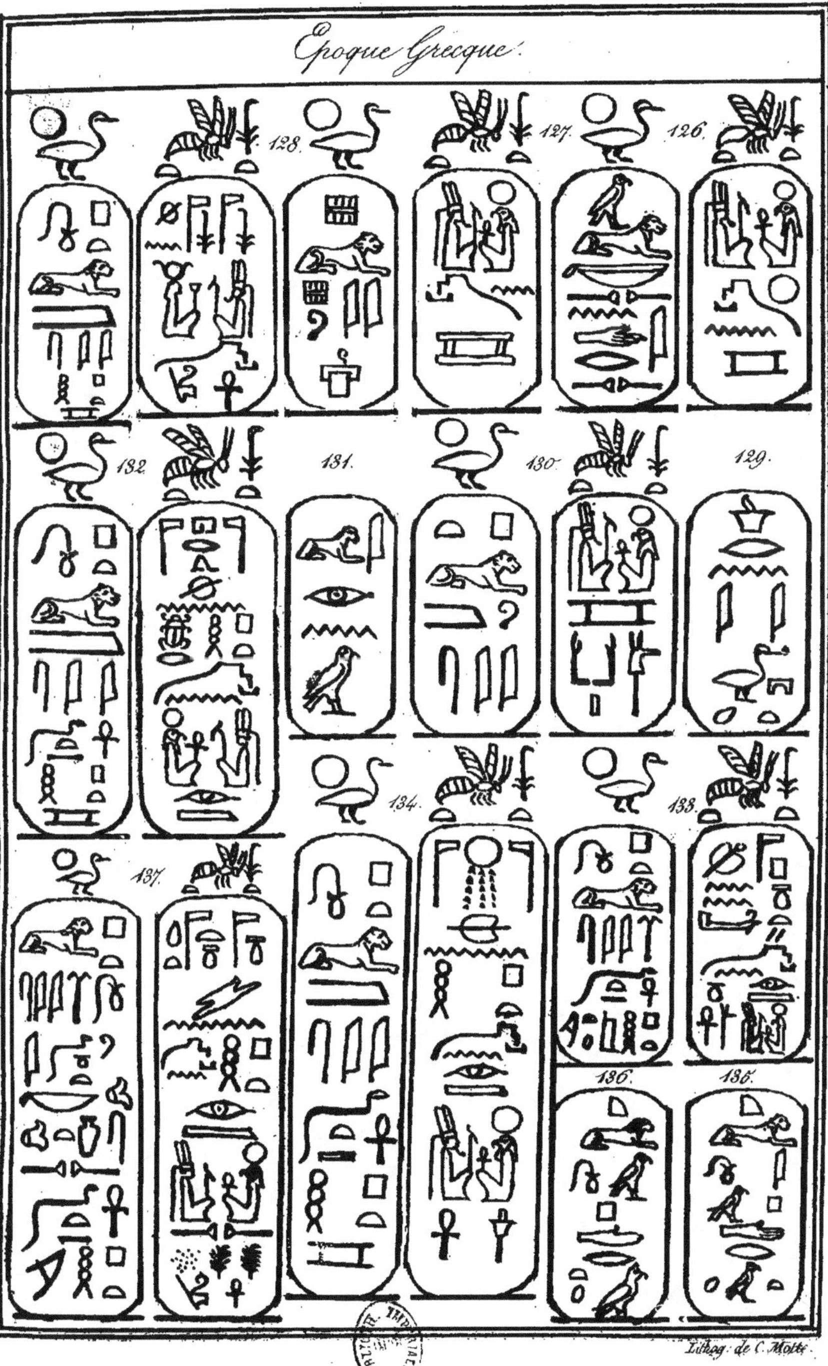

Époque Grecque.
8.
128. 127. 126.
132. 131. 130. 129.
134. 133.
137. 136. 135.
Lithog. de C. Motte.

N.° 143. ΤΒΡΙϹ ΚΛΟΤΙϹ ΚϹΡϹ—ΓΡΜΝΙΚϹ ΖΟΤΚ-ΡΤШΡ. *Tibère CLAUDE César Germanique, empereur* : légende de l'empereur Claude à Esné et à Dendéra.

144. *Le maître du monde, approuvé par les......, chéri de Phtah et d'Isis. — L'empereur NÉRON.* ΖΟΤΟΚΤΡ ΝΕΡΟΝ : légende de Néron à Dendéra.

145. ΟΥϹΠϹΗΝϹ (Ουεσπασιανος), nom propre de l'empereur *VESPASIEN* : obélisque Pamphile.

146. ΤΙΤϹ (Τιτος), nom propre de l'empereur *TITUS :* même obélisque.

147. Le roi seigneur du monde, ΛΟΤΚΡΤΡ, *l'empereur*, enfant du Soleil, ΚΗϹΡϹ ΤΜΙΤΔΝϹ ϹΒϹΤϹ, *César DOMITIEN Auguste* (Σεβασ]ος) : légende de l'empereur Domitien sur l'obélisque Pamphile.

148. *Le maître du monde*, ΛΟΤΚΡΤΡ ΚΗϹΡϹ, *l'empereur César.* ΝΡΟΥ ΤΡΔΝϹ, *NERVA TRAJAN* (Νεερυα Τεφιανος), *toujours vivant, chéri de Phtah et d'Isis* : légende de *Trajan* à Philée.

148. a. ΛΟΤΟΚΡΤΡ ΚΗϹΡ ΝΡΟΥΔ ΤΡΙΝϹ ΚΡΜ-ΝΙΚϹ ΝΤΚΙΚϹ, *l'empereur César NERVA TRAJAN Germanique, Dacique* : légende de l'empereur *Trajan* à Ombos.

149. *Le maître du monde*, ΛΟΤΚΡΤΟΡ ΚΔΙϹΡϹ ΡΗ-ϹΙ-ΛΤΙΡΙΔΝϹ, *l'empereur César, enfant du Soleil, HADRIEN* : légende de l'empereur Hadrien à Thèbes.

150. *Le fils du Soleil, seigneur des régions,* ΞΤΡΙΝϹ

ⲕⲥⲣⲥ, *HADRIEN César :* légende de l'empereur Hadrien sur l'obélisque Barbérini.

N.ᵒˢ 151. Ⲥⲁⲃⲓⲛⲁ (ⲧⲛⲟⲩⲧⲉ), *SABINE, déesse.* Ⲥⲃⲥⲧⲏ, *Auguste, déesse, toujours vivante :* légende de l'impératrice *Sabine,* femme d'*Hadrien,* sur l'obélisque Barbérini.

152. *Le seigneur du monde,* Ⲁⲟⲧⲟⲕⲣⲧⲟⲣ-ⲕⲥⲣⲉ-ⲣⲏ-ⲥⲓ Ⲁⲛⲧⲟⲛⲓⲛⲥ, *l'empereur César, fils du Soleil,* ANTONIN *(Auguste), toujours vivant.*

VI.ᵒ *Noms propres égyptiens de simples particuliers.*

1.ᵒ *Noms entièrement phonétiques.*

153. Ⲡⲧⲃⲏⲙ (ⲣⲱⲙⲉ), PETKHÈM, nom propre d'homme, comme l'indique le signe d'espèce *homme* qui le termine : dans l'inscription de la base d'une statue de bronze appartenant au cabinet du Roi, et gravée dans le *Recueil d'antiquités* du comte de Caylus, tome V, pl. III.

154. Ⲡⲧⲁⲙⲛ (ⲣⲱⲙⲉ), PÉTAMON, PÉTAMEN et PÉTÉMEN, nom propre d'homme signifiant *celui qui appartient à Ammon :* grand manuscrit hiéroglyphique du cabinet du Roi. — Nom très-commun sur les statuettes de terre vernissée qui représentent des individus morts, et que l'on trouve dans les tombeaux de Thèbes.

155. Ⲡⲧⲁⲙⲛ (ⲣⲱⲙⲉ), variante du précédent.

156. (Ⲡⲧⲁⲙⲛ ⲣⲱⲙⲉ), variante du précédent. — Terre vernissée de M. Durand.

156. *a.* Ⲡⲧⲁⲙⲛ (ⲣⲱⲙⲉ), variante du précédent.

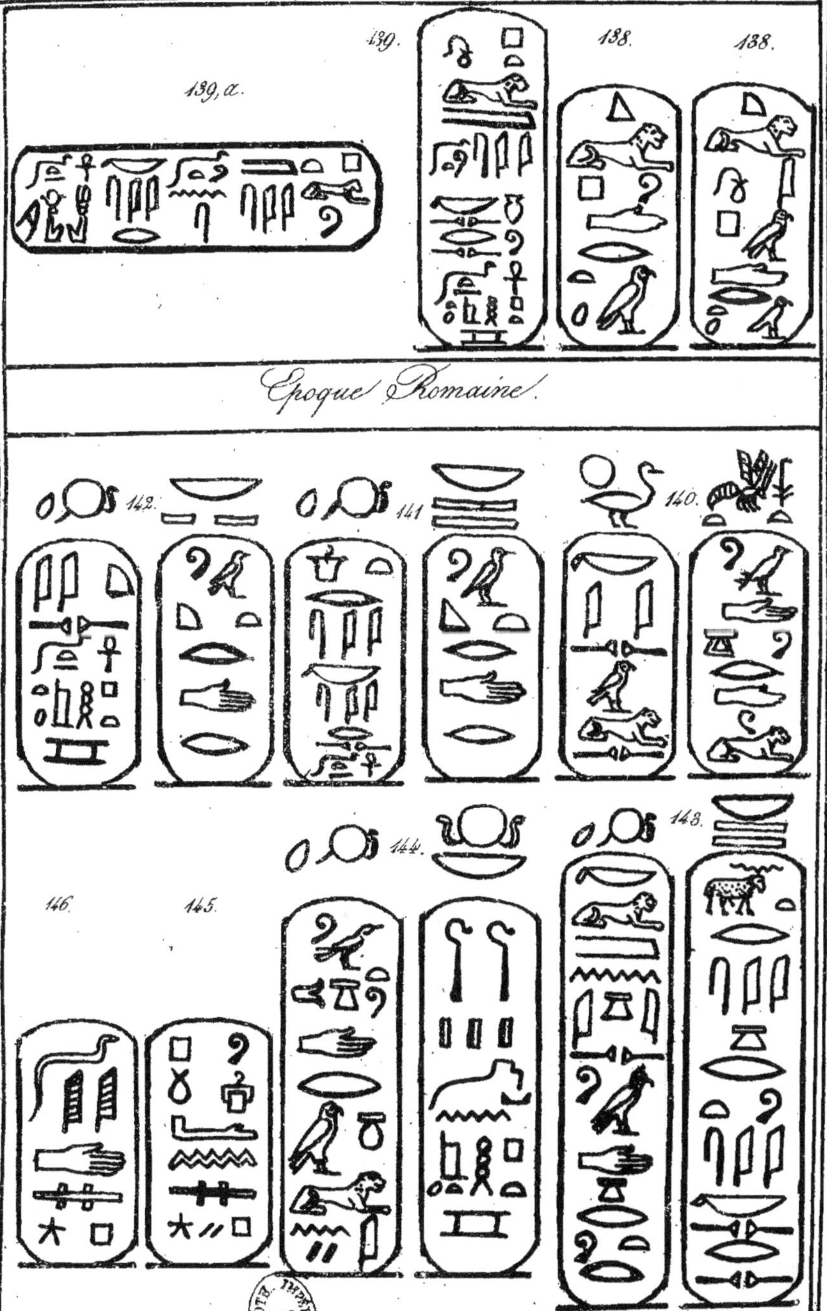
139, a.
139.
138.
138.
Epoque Romaine.
142.
141.
140.
144.
143.
146.
145.

N.⁰ˢ 156 *b.* Ⲡⲧⲁⲙⲛ, *PÉTÉMEN*, *PÉTAMEN* (*celui qui appartient à Ammon*) : variante du n.° 154, dans le grand manuscrit du cabinet du Roi, scène du jugement. — *Idem*, momie égyptio-grecque de M. Cailliaud.

156 *c.* Ⲡⲧⲁⲙⲛ (ⲣⲱⲙⲉ) : variante du précédent. — Grand manuscrit du cabinet du Roi.

156 *d.* Ⲡⲧ (ⲁⲙⲛ) ou Ⲡⲧ (ⲁⲙⲛ), *PÉTÉMEN* ou *PÉTAMEN* (*celui qui appartient à Ammon*); le nom de dieu est symboliquement exprimé par l'obélisque : variante du n.° 156 *b.* — Momie égyptio-grecque de M. Cailliaud.

156 *e.* Ⲡⲧ (ⲁⲙⲛ), *PÉTAMEN* ou *PÉTAMON* (*celui qui appartient à Ammon*), variante phonético-symbolique des n.°ˢ 154, 156 *b* et 156 *c.* — Grand manuscrit hiéroglyphique du cabinet du Roi.

157. Ⲡⲧⲁⲙⲛ (ⲣⲱⲙⲉ), variante du nom précédent. — Statue de bronze du cabinet du Roi.

157 *a.* Ⲡⲧⲁⲙⲛⲣⲏ (ⲣⲱⲙⲉ), *PÉTAMONRÉ* ou *PÉTAMONRA* (*celui qui appartient à Amonra*), nom propre d'homme. — Terre vernissée; cabinet royal.

158. Ⲧⲁⲩⲧⲃⲁⲓ (ϩⲓⲙⲉ), nom propre de femme. — Bronze du cabinet du Roi.

159. Ⲧⲛⲧⲁⲙⲛ ou Ⲑⲛⲧⲁⲙⲛ (ϩⲓⲙⲉ), *TENTAMON* ou *THENTAMON*, *celle qui appartient à Ammon*, nom propre de femme. — Momie de la collection de M. Durand.

160. Ⲁⲙⲛϥ, *AMÉNOF*, nom propre d'homme, abréviation usuelle du nom suivant.

161. Ⲁⲙⲛϥⲧⲡ (ⲣⲱⲙⲉ), *AMÉNOFTÈP* ou *AMO-*

NAFTÉP (approuvé par Ammon), nom propre
d'homme. — Momie du cabinet du Roi.

N.ᵒˢ 162.   ϤⲦⲠⲀⲘⲚ (ϩⲓⲘⲈ), *FTEPAMON* ou *AFTE-*
PAMON (appobavit Ammon), nom propre de
femme, mère du défunt, n.° 200. — Manuscrit hiéroglyphique du cabinet du Roi, provenant de M. Cailliaud.

163.   ⲀⲘⲚⲒ (ⲡⲱⲘⲈ), *AMONI, AMÉNI;* nom
propre d'homme. — Terre vernissée de M. Durand.

164.   ⲀⲘⲚⲀⲒ (ⲡⲱⲘⲈ), variante du précédent.

164 *a.* ⲀⲘⲚⲒ (ⲡⲱⲘⲈ), *AMÉNAÏ* ou *AMONAÏ*, nom
propre d'homme. — Momie du musée de Lyon.

164 *b.* ⲀⲘⲚⲘⲀⲒ, ⲀⲘⲚⲘⲀ (ⲡⲱⲘⲈ), *AMONMAI*
(chéri d'Ammon), nom propre d'homme. —
Terre vernissée de M. Durand.

165.   ⲀⲘⲚⲦⲦ Ⲧ (ϩⲓⲘⲈ), *AMONTÈT* ou *AMEN-*
TÈT, nom propre de femme.

166.   ⲀⲘⲚⲈ, *AMONÉ*, nom propre d'homme, probablement une variante du n.° 163. — Terre
émaillée de M. Durand.

167.   ϤⲦⲀⲘⲚ (ⲡⲱⲘⲈ), *FOTAMON*, nom propre
d'homme. — Terre émaillée de la collection de
M. Durand.

168.   ⲀⲘⲚⲤ (ⲡⲱⲘⲈ), *AMONSI* ou *AMENSÉ (en-*
fant d'Ammon), nom propre d'homme.

169.   ⲀⲘⲚⲤⲦ (ϩⲓⲘⲈ), *AMONSET, AMENSET* ou
AMENSÉ, nom propre de femme. — Stèle de
M. Thédenat.

170.   ⲀⲘⲚⲤ (ⲡⲱⲘⲈ), *AMONIS*, et très-probable-
ment *AMONIOS*, transcription du nom propre
grec Ἀμμωνιος.

N.ᵒˢ 171. ⲡⲧⲁϩϥ, *PHTAHAF* ou *PTAHF*, abréviation du nom suivant. — Stèles de M. Thédenat.

172. ⲡⲧⲁϩϥⲧⲏ, *PHTAHAFTÈP* ou *PTAHFTÈP (approuvé par Phtah)* : terre émaillée de M. Durand. — Stèles de M. Thédenat.

173. Ⲟⲥⲣⲧⲥⲛ (ⲣⲱⲙⲉ), *OSORTASEN*, nom propre d'homme. — Stèle de M. Durand. — Stèlé de M. Thédenat.

174. Ⲁⲥⲧⲁⲟⲩⲓ ou Ⲁⲥⲧⲁⲩⲓ (ⲣⲱⲙⲉ), *ASTAOUF* ou *ASTAVI*, nom propre d'homme. — Vase d'albâtre du cabinet de M. Durand.

175. Ⲁⲙⲣⲟⲩⲣⲟⲩ (ⲣⲱⲙⲉ), nom propre d'homme. — Terre émaillée du cabinet du Roi. — Stèle.

176. Ⲧⲁⲙⲣⲱⲧⲥ (ⲥϩⲓⲙⲉ), *TAMRÔTS* ou *TAMÉROTS*, nom propre de femme. — Statuette du cabinet de M. Durand.

177. Ⲕⲁⲡⲱⲣ, ⲕⲱⲡⲣ ou ⲕⲁⲓⲫⲱⲣ (ⲣⲱⲙⲉ), *COPOR* ou *COPHOR*, nom propre d'homme. — Manuscrit hiéroglyphique du cabinet du Roi, acquis de M. Cailliaud.

178. Ⲟⲥⲣⲧⲥ ou Ⲟⲥⲣⲥⲧ (ⲧⲥϩⲓⲙⲉ), *OSORTSÉ* ou *OSORSÈT* (fille d'Osiris), nom propre de femme. — Stèle du comte de Belmore.

179. Ⲙⲁⲙⲛ (ⲣⲱⲙⲉ), *MAMON* ou *MEAMON*, nom propre d'homme. — Stèle du comte de Belmore.

180. Ⲥⲱⲧⲓⲙⲥ (ⲣⲱⲙⲉ), *SOTIMÈS (engendré de Soti)*. — Momie du cabinet de M. Durand. — Manuscrit du cabinet du Roi.

180 *a.* Ⲥⲱⲧⲓⲙⲥ, *SOTIMÈS*, variante du nom précédent. — Momie du cabinet de M. Durand.

181. Ⲡⲥⲑⲛϥ ou Ⲡⲥⲧⲛϥ (ⲣⲱⲙⲉ), *PSOTNEF* ou

PSATNEF, nom propre d'homme. — Manuscrit hiéroglyphique du cabinet du Roi, acquis de M. Cailliaud.

N.ᵒˢ 182. Ⲡⲥⲱⲧⲕ ou Ⲡⲥⲱⲧⲅ (ⲣⲱⲙⲉ), *PSAMÉTÉK* ou *PSAMÉTIG*, nom propre d'homme. — Inscription du Musée royal.

183. Ⲡⲥⲱⲧⲕ ou Ⲡⲥⲱⲧⲅ, variante du nom propre précédent. — Momie de M. Thédenat.

184. Ⲥⲱⲛⲥⲧ (ϩⲓⲙⲉ), *SMENSÉ* ou *SAMENSÈT*, nom propre de femme. — Stèle de M. Thédenat.

185. Ⲧⲧⲥ (ⲣⲱⲙⲉ), *TOTÈS*, nom propre d'homme. — Terre émaillée de M. Thédenat.

186. Ⲡⲧϩⲣⲡ (ⲣⲏ)-(ⲣⲱⲙⲉ), *PÉTHÔRPRÉ*, variante du nom propre n.° 201.

187. Ⲧⲱⲁⲧⲱⲏ (ϩⲓⲙⲉ), *TMAUMÉ* ou *TMAUMEÏ* (*chérie de sa mère*); nom propre de femme.

188. Ⲁⲧⲏ (ⲣⲱⲙⲉ), *ATÉ* ou *ATI*, nom propre d'homme — Stèle du comte de Belmore.

189. Ⲥⲧⲏ (ϩⲓⲙⲉ), *SATÉ* ou *SATI*; nom propre de femme. — Stèle de M. Thédenat.

190. Ⲡⲥⲱⲧϭ ou Ⲡⲥⲱⲧⳉ, *PSAMÉTÈG* ou *PSAMÉTEDJ*, nom propre d'homme. — Stèle de M. Thédenat.

191. Ⲡⲃⲡⲧϩ (ⲣⲱⲙⲉ), nom propre d'homme. — Terre émaillée du cabinet royal.

192. Ⲡⲧϩⳉⲣ (ⲣⲱⲙⲉ), *PHTAHDJER* ou *PTAHDJER*, nom propre d'homme. — Stèle de M. Thédenat.

193. Ⲁⲧⲥⲏ ou Ⲟⲧⲥⲏ (ⲣⲱⲙⲉ), *ATSI* ou *OTSI*, nom propre d'homme : Niebuhr, pl. XL, ᴇ.

148. a
148.
147.
137. a
151.
150.
149.
152.
153.
154.
155.
156.
156. b
156. c
156. e
156. d
d.
Noms Propres Égyptiens
de Simples Particuliers.
1.re Phonétiques.

N.ᵒˢ 194. Pⲧⲱⲣⲥ, *RATORÈS* ou *RATORSÉ* , nom
propre : Niebuhr, pl. XXVII et XXVIII , sur
des vases funéraires.

195. Ⲍⲁⲡⲙⲛ (ⲣⲱⲙⲉ), *HAPIMEN* , nom propre
d'homme. — Terre émaillée de la collection de
M. Durand.

195 *a.* Ⲥⲣⲥⲣⲥ (ⲣⲱⲙⲉ), nom propre d'homme. —
Momie du cabinet britannique provenant de
Lethuillier.

2.ᵒ *Noms propres égyptiens phonético-symboliques.*

196. Ⲡⲧ (ⲟⲩⲥⲓⲣⲉ) (ⲣⲱⲙⲉ), *PÉTOUSIRÉ* , *PÉTO-
SIRI* (*celui qui est à Osiris*) , nom propre
d'homme. — Terres émaillées de M. de Thédenat.

197. Ⲡⲧ (ⲉⲱⲣ), *PÉTHÔR* (*celui qui est à Horus*),
nom propre d'homme. — Terre émaillée du
cabinet royal. — Amulette de M. Durand.

178. Ⲡⲧ (ⲏⲥⲉ), *PÉTISÉ* , *PÉTISI* (*celui qui est à
Isis*), nom propre d'homme. — Terre émaillée
du cabinet royal ; Caylus, tom. VII, pl. IX,
n.ᵒ 4.

199. Ⲡⲧⲁⲡ (ⲣⲏ) (ⲣⲱⲙⲉ), *PÉTAPRÉ* ou *PÉTA-
PHRÉ* , *celui qui est à Phré* (le Soleil), nom
propre d'homme , qui devrait être lu *Pétarpré*
ou *Pétorpré* , si l'on suppose que le scribe a
omis la ligne perpendiculaire qui fait de l'épervier le nom du dieu Horus , *Ar* ou *Hor*.

200. Variante du précédent. — Manuscrit hiéroglyphique du cabinet du Roi , acquis de M. Cailliaud.

N.ᵒˢ 201. Пⲧ (ⲁⲣ) (ⲡ ⲣⲏ) ou Пⲧ (ⲋⲱⲣ) ⲡ (ⲣⲏ),
PÉTARPRÉ, *PÉTHORPRÉ* et *PÉTHORPHRÉ*
(celui qui est à Horus et à Phré, le Soleil),
nom propre d'homme. — Manuscrit hiéroglyphique du comte Mountnorris.

201 *a.* Variante du précédent. Le soleil (ⲣⲏ) est exprimé par le disque orné de l'uræus.—Même
manuscrit.

201. *b.* Autre variante (*voy.* le nom du dieu Ré, n.° 46).
— Même manuscrit.

201. *c.* Autre variante. — Même manuscrit.

101. *d.* Le disque du *soleil* (ⲣⲏ) est suivi de sa prononciation ⲣⲏ , en caractères phonétiques
(*voy.* le n.° 47). — Même manuscrit.

202. Пⲋ (ⲋⲱⲣ), *PAHÔR (celui qui appartient à
Horus)*, nom propre d'homme. —Terre émaillée
du cabinet royal.

203. (ⲋⲱⲣ) ⲁⲙⲛ (ⲣⲱⲙⲉ), *HORAMON* ou *HO-
RAMMON (Horus - Ammon)* , nom propre
d'homme. — Terre émaillée du cabinet du Roi.

204. (ⲋⲱⲣ) ⲥⲓ (ⲏⲥⲓ) ou Ꙇⲣⲥⲓ (ⲏⲥⲓ) (ⲣⲱⲙⲉ),
HORSIÉSI ou *ARSIÉSI (Horus fils d'Isis)*,
nom propre d'homme. — Terre émaillée du
cabinet du Roi. — Manuscrit de M. Denon.

205. Ꙇⲙⲛ (ⲋⲱⲣ) ⲥⲓ (ⲏⲥⲓ) (ⲣⲱⲙⲉ), *AMON-
HORSIÉSI* ou *AMONARSIÉSI (Ammon-Horus
fils d'Isis)*, nom propre d'homme. — Terre
de M. Thédenat.

206. Tⲋ (ⲏⲥⲉ) (ⲋⲓⲱⲉ), *TAÉSE* et *TAÏSI (celle
qui appartient à Isis)*, nom propre de femme.
—Terre émaillée de M. Durand.

207. Пⲋ (ⲏⲥⲉ) (ⲣⲱⲙⲉ), *PAÉSÉ*, *PAÏSI* et

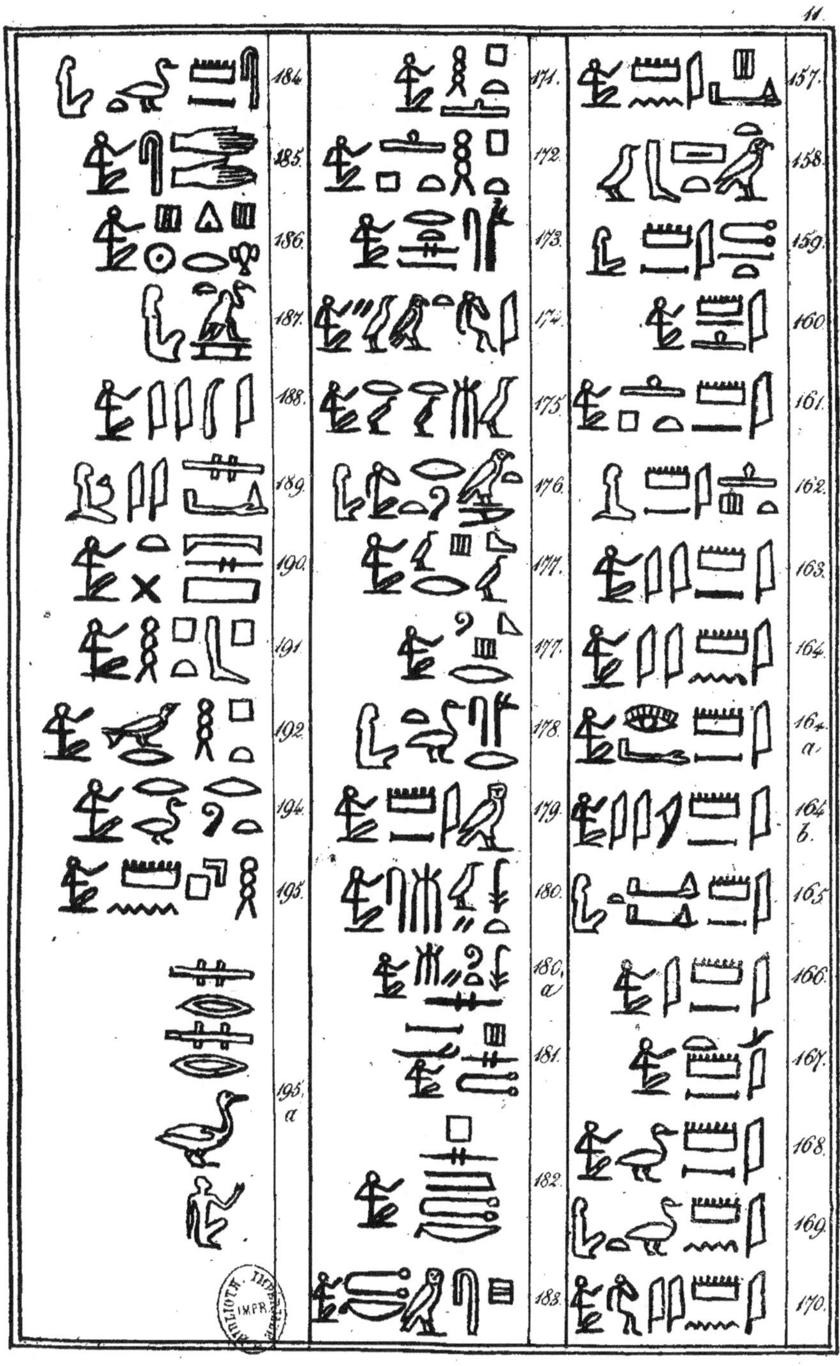

Noms propres Egyptiens
de Simples Particuliers.
2.° Phonético-Symboliques.

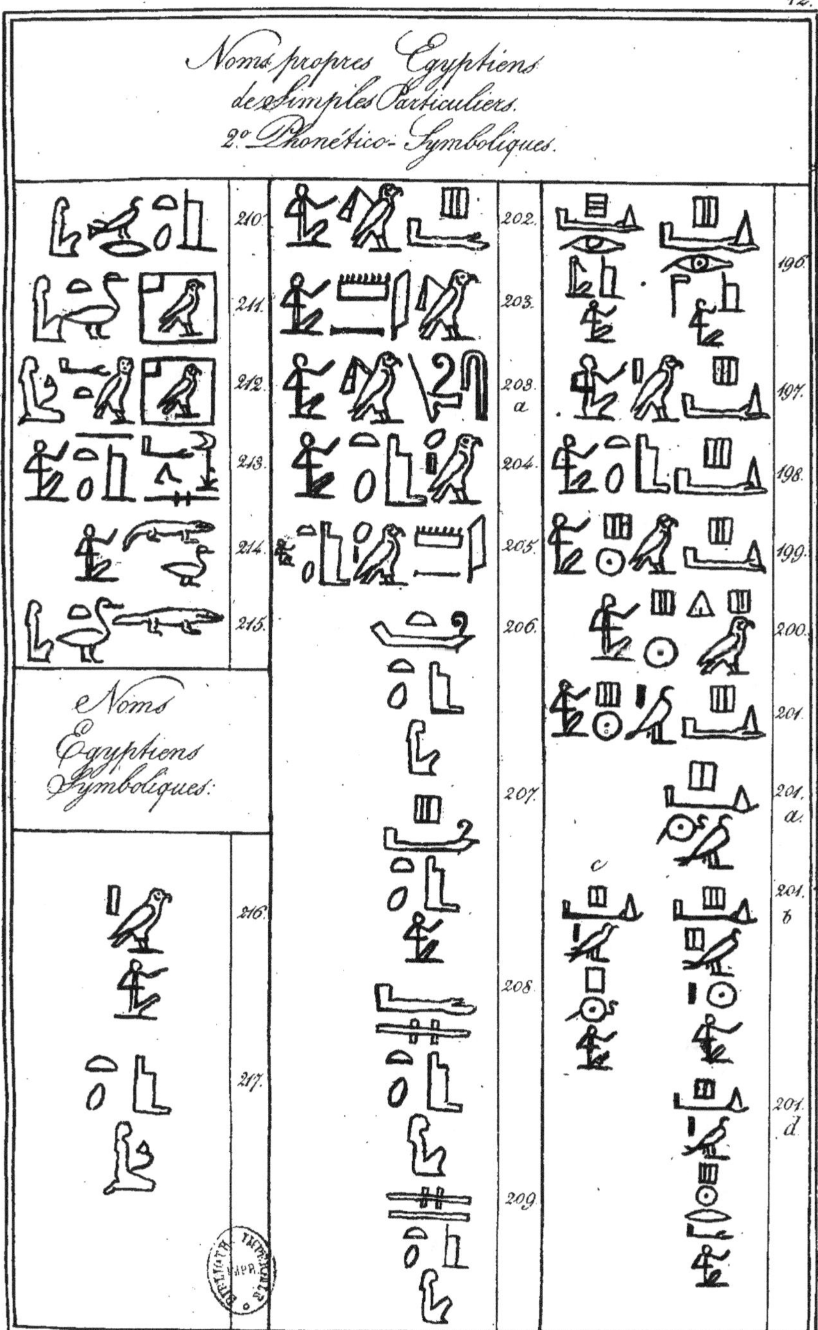

Noms Egyptiens Symboliques.

PAÏSÉ (celui qui appartient à Isis), nom propre d'homme. —Terre émaillée de M. Durand.

N.ᵒˢ 208. ⲀⲤ(ⲎⲤⲈ) (ϩⲓⲥⲉ), *ASISÉ* ou *ASISI*, nom propre de femme. — Terre émaillée du cabinet du Roi.

209. Cⲛ (ⲎⲤⲈ) (ϩⲓⲥⲉ), *SANISI* ou *SANISÉ ;* nom propre de femme.

210. HⲤⲈ (⳻ⲣ) (ϩⲓⲥⲉ), *ISÉDJER* ou *ESIDJER*, nom propre de femme. — Bronze du cabinet du Roi. — Manuscrit hiéroglyphique appartenant à M. Dubois.

211. (ϩⲁⲑⲱⲣ) ⳽ ⲧ (ϩⲓⲥⲉ), *HATHORSÉ* ou *HATORSÈT (enfant d'Hathôr ou d'Athyr)*, nom propre de femme. — Stèle de M. Thédenat.

212. (ϩⲁⲑⲱⲣ) ⲙⲁ ⲧ (ϩⲓⲥⲉ), *HATHORMA (don d'Hathôr ou donnée par Hathôr)*, nom propre de femme.—Terre émaillée du Musée de Lyon.

213. Ⳃⲁⲧⲥⲛ (ⲎⲤⲈ) (ⲣⲱⲙⲉ), *KHATSANISI*, nom propre d'homme.—Manuscrit de M. Fontana, publié à Vienne par M. de Hammer.

214. (Cⲃⲕ) ⳽ (ⲣⲱⲙⲉ), *SOVKSÉ* ou *SOVKSI (enfant de Sovk)*, nom propre d'homme. — Stèle du comte de Belmore.

215. (Cⲃⲕ) ⳽ⲧ (ϩⲓⲥⲉ), *SOVKSÉT* ou *SOVKSÉ (enfant de Sovk)*, nom propre de femme. — Stèle du comte de Belmore.

3.ᵒ *Noms égyptiens de simples particuliers totalement symboliques.*

216. (ϩⲱⲣ-ⲣⲱⲙⲉ), *HÔR* ou *HAR (Horus)*, nom propre d'homme. — Terre émaillée du cabinet du Roi.

N.ᵒˢ 217. (ⲎⲤⲈ-ⲎⲤⲈ), *ESI* ou *ISI (Isis)*, nom propre de femme. — Terre émaillée du cabinet du Roi.

§. VI. *Noms propres grecs et latins totalement phonétiques.*

218. ⲀⲚⲦⲚⲞ, nom propre d'*ANTINOÜS*, *favori d'Hadrien.* — Obélisque Barbérini.

219. ⲀⲚⲦⲈⲒⲚⲰⲒⲤ, variante du nom d'*Antinoüs.* — Obélisque Barbérini.

219 *a.* Ⲕⲗⲟⲡⲧⲣ . ⲧ (ⲎⲤⲈ), *CLÉOPÂTRE*, nom propre de femme. — Momie égyptio-grecque de M. Cailliaud.

219 *b.* Variante du précédent. — Momie de M. Cailliaud.

219 *c.* Ⲕⲗⲟⲡⲧⲗ pour ⲕⲗⲟⲡⲧⲣ, *CLÉOPÂTRE*, forme hiératique des deux noms précédens. — Manuscrit hiératique accompagnant la momie égyptio-grecque de M. Cailliaud.

219 *d.* Transcription *hiéroglyphique* du nom *hiératique* précédent.

219 *e.* Forme *démotique* du nom de *CLÉOPÂTRE,* ⲕⲗⲡⲧⲣ. — Manuscrit du cabinet du Roi.

220. Ⲗⲟⲩⲕⲓⲗⲓⲥ (ⲣⲱⲙⲉ), *LUCILIUS,* nom propre romain. — Obélisque de Bénévent.

221. Ⲗⲟⲩⲡⲥ pour Ⲣⲟⲩϥⲥ, *RUFUS*, surnom du personnage précédent. — Obélisque de Bénévent.

222 et 223. Ⲧⲧⲕⲥ (ⲣⲱⲙⲉ), ⲧⲕⲧⲥ (ⲣⲱⲙⲉ), restes d'un nom propre latin. — Obélisques Albani et Borgia.

224. Ⲥⲕⲥⲧⲥ (ⲣⲱⲙⲉ), *SEXTUS*, prénom romain. — Obélisques Albani et Borgia.

N.ᵒˢ 225. ⲀⲡⲗⲔⲁⲛⲥ ou ⲀϥⲣⲔⲁⲛⲅ, *Africanus*, surnom romain. — Obélisques Albani et Borgia.

§. VII. *Signes et groupes hiéroglyphiques représentant des
noms communs, soit* phonétiquement, *soit* symboliquement, *soit* figurativement.

226. (Ⲏⲟⲩⲧⲉ) *dieu*, caractère symbolique.

227. Ⲏⲉⲛⲟⲩⲧⲉ, Ⲉⲁⲛ ⲛⲟⲩⲧⲉ) *dieux*, diverses formes
que prend au pluriel le caractère précédent.

228. (Ⲧⲛⲟⲩⲧⲉ) *déesse*, groupes symboliques for-
més du n.ᵒ 226 et des signes caractéristiques
du genre féminin.

229. (Ⲏⲟⲩⲧⲉ) *dieu mâle*, caractère figuratif.

229 *a*. Forme linéaire du précédent caractère.

229 *b*. (Ⲏⲟⲩⲧⲉ ⲉϥⲱⲛⲈ), *dieu vivant*, groupe formé
du caractère figuratif (229), et du caractère
symbolique ⲱⲛⲈ, *la vie*, placé entre les
mains du *dieu*.

229 *c*. (Ⲏⲟⲩⲧⲉ ⲛⲁⲛⲉϥ), *dieu bienfaisant*, groupe
composé du caractère figuratif (229), et du
sceptre symbolique à tête de *coucoupha*. (*Voyez*
Horapollon, liv. I, §. 55.)

229 *d*. (Ⲏⲉ ⲛⲟⲩⲧⲉ), *les dieux*, pluriel du caractère
figuratif n.ᵒ 229.

230. (Ⲏⲟⲩⲧⲉ), *dieu mâle*, combinaison des signes
simples, n.ᵒˢ 226 et 229.

230 *a*. (Ⲏⲉ ⲛⲟⲩⲧⲉ), *les dieux, dieux*, pluriel du groupe
précédent.

231. (Ⲧⲛⲟⲩⲧⲉ), *déesse*, caractère figuratif, forme
féminine du n.ᵒ 229.

N.ᵒˢ 231 *a.* (ⲦⲚⲞⲨⲦⲈ), *déesse ;* le caractère figuratif n.ᵒ 231, combiné avec le sceptre ordinaire des *déesses égyptiennes.*

232. (ⲦⲚⲞⲨⲦⲈ), *déesse,* groupe formé du signe symbolique n.ᵒ 226, et du caractère figuratif 231.

233. ⲐⲞ ou ⲦⲞ, *le monde, l'univers :* ces divers groupes expriment aussi la syllabe ⲦⲞ, dans les noms propres grecs ou romains transcrits en hiéroglyphes.

234. (ⲦⲠⲈ, ⲦⳐⲈ ⲦⳐⲈ), *le ciel,* caractères figuratifs.

234 *a.* (ⲠⲎⲨⲈ, ⳐⲎⲞⲨⲨ), *les cieux,* pluriels du caractère précédent.

234 *b.* (ⲦⲠⲈ, ⲦⳐⲈ), *le ciel,* caractère symbolique.

235. (ⲚⲀⲠⳗⲰⲒ), *les régions supérieures ;* groupe symbolique.

236. (ⲚⲀⲘⲠⲈⲤⲎⲦ), *les régions inférieures,* groupe symbolique. Ces deux groupes se composent des deux parties de la couronne pschent (n.ᵒ 276), et du caractère *terre, contrée, région,* n.ᵒ 240.

237. (ⲢⲎ), *le soleil,* caractère figuratif, peint en rouge dans les inscriptions coloriées.

237 *a.* ⲢⲎ, groupe phonétique, *le soleil,* tracé souvent à la suite du caractère précédent, comme déterminatif.

238. (ⲠⲞⲞⳘ, ⲠⲒⲒⲞⳘ), *la lune,* caractère figuratif.

238 *a.* (ⲈⲂⲞⲨ, ⲀⲂⲞⲨ), *le mois,* signe figuratif-symbolique. Ce caractère précède, comme déterminatif ou signe d'espèce, les groupes exprimant les noms égyptiens des mois.

Noms propres de Simples particulières.
3. Grecs et Romains.

Signes et Groupes figuratifs, Phonétiques ou Symboliques
représentant des noms communs.

(29)

N.ºs 239. (CⲒⲞⲨ, CⲞⲨ), *étoile, astre*, caractère figuratif.
— Signe d'espèce dans les groupes exprimant
les noms des constellations et décans.

239. *a.* Pluriel du précédent.

240. *Contrée, terre, région;* caractère symbolique.

240 *a.* Pluriel du précédent.

241, 242. (ⲘⲀⲒⲞⲨ, ⲚⲞⲚ), groupes figuratifs et symbolico-phonétiques, exprimant *l'eau* du Nil et le
débordement du fleuve. (*Voyez* Horapollon,
liv. I, §. 21.)

243. ⲘⲀ ; *place, lieu*, groupe phonétique avec toutes
ses variantes.

244. *L'Égypte* et toutes les variantes de ce groupe.

245. (PⲰⲘⲈ), *homme*, caractère figuratif. — Signe
d'espèce à la suite des noms propres masculins.

245 *a.* Pluriel du précédent.

245 *b.* (PⲰⲘⲈ), *homme*, caractère figuratif plus par-
ticulièrement employé comme signe d'espèce
après les noms propres des défunts.

246. (ⲤⲒⲘⲈ, CϨⲒⲘⲈ), *femme*, caractère figuratif.
— Signe d'espèce après les noms propres fé-
minins.

246 *a.* (ϨⲒⲞⲘⲈ), *les femmes*, pluriel du précédent.

246 *b.* (ϨⲒⲘⲈ), *femme ;* signe d'espèce plus particu-
lièrement employé après les noms propres de
femmes défuntes. La petite figure tient une
tige de lotus recourbée. Un *bouquet de lotus*
tient souvent la place de ce signe d'espèce lui-
même.

246 *c.* (ⲚⲈPⲰⲘⲈ ⲀⲨⲰ ⲚⲈϨⲒⲞⲘⲈ), *les hommes et les
femmes*, combinaison des pluriels figuratifs ,
n.ºs 245 *a* et 246 *a.*

N.ᵒˢ 247.   ϭⲓ ou ϭⲉ, *enfant*, *fils* , caractère à-la-fois figuratif et phonétique. —— Sa forme plurielle.

248.   ⲧⲟⲩⲉ, ⲧⲩⲉ, *père* , groupe avec toutes ses variantes et abréviations.

249.   ⲧⲟⲩⲉϥ, ⲧⲩⲉϥ, *père de lui*, *son père* , composé
du groupe n.° 248, et du pronom affixe de la
troisième personne singulier masculin.

250.   ⲧⲙⲟⲩ, ⲧⲙⲁⲩ, *mère*, avec ses variantes.

250 a. *Mère (divine)*, titre de plusieurs déesses égyptiennes.

251.   ϭⲉ ou ϭⲓ ou ϣⲉ, *fils*, *enfant*, et ses abréviations.

252.   ϭⲉϥ, ϭⲓ ou ϣⲉϥ, *fils de lui*, *son fils* , et ses
abréviations.

253.   ϭⲉⲥ, ϭⲓⲥ ou ϣⲉⲥ, *fils d'elle*, *son fils*, en
parlant d'une femme.

254.   ⲧϭⲉ, ⲧϣⲉ ou ϭⲉⲧ, *fille* , forme féminine
du groupe n.° 251.

255.   ⲧϭⲉϥ, *fille de lui*, *sa fille* , en parlant d'un
homme.

256.   ⲧϭⲉⲥ, *fille d'elle*, *sa fille* , en parlant d'une
femme.

257.   ϭⲉ, ϭⲓ ou ϣⲉ, *enfant*, *fils* , groupe homophone du n.° 251.

258.   ϭⲉⲧ. ϭⲧ. ⲧϭⲉ, *enfant*, *fille*, groupe homophone du n.° 254.

258 a. ⲙⲥ (copte, ⲙⲁⲥ, ⲙⲓⲥⲉ), *engendré*, *natus*,
né, *enfant ;* ce groupe exprime ordinairement
le rapport de parenté entre le fils et la mère.

258 b. ⲧⲙⲁⲩϥ, *mère de lui*, ⲧⲙⲁⲩⲥ, *mère d'elle;* ces
groupes, dans la filiation des défunts, tiennent

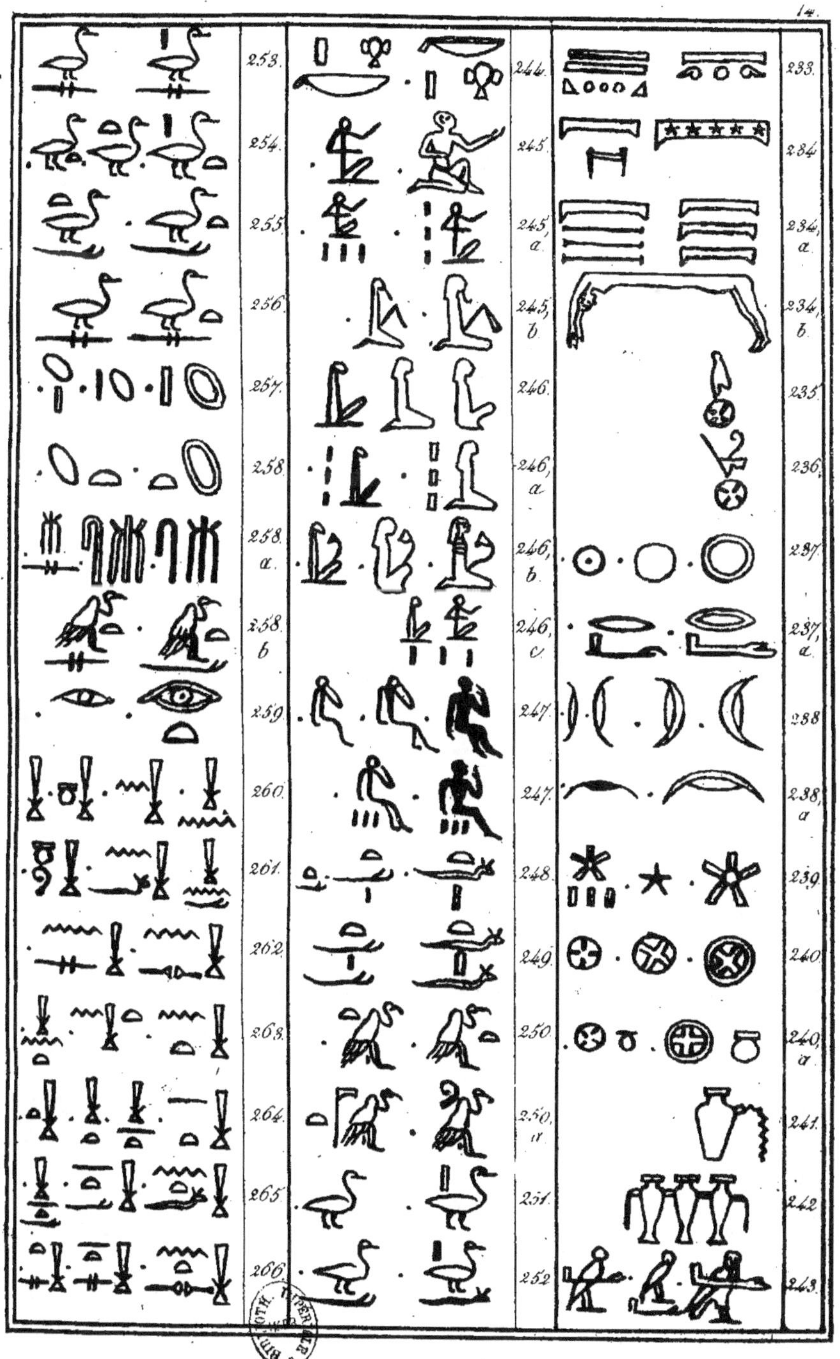

la place du groupe précédent. Le mot Μη–τρος , placé entre le nom du fils et le nom de la mère dans les inscriptions grecques d'Égypte, n'est qu'une exacte traduction de ce groupe hiéroglyphique.

N.ᵒˢ 260.   ϹΝ, copte ϹΟΝ, *frère*, avec toutes ses variations et abréviations.

261 , 262.   ϹΝϥ, ϹΝⲥ, ϹΝϹ, *frère de lui, frère d'elle, son frère* , groupe précédent , combiné avec les pronoms affixes de la troisième personne du singulier masculin et féminin.

263 , 264.   ϹΝⲥ, ⲤΟΝ, *sœur*, forme féminine du groupe précédent, avec ses variantes et abréviations.

265 , 266.   ϹΝⲥϥ, ϹΝⲥϹ , *sœur de lui, sœur d'elle, sa sœur,* et les abréviations de ces divers groupes.

267.   ϹⲦΝ (copte ϹΟⲨⲦΝ), *régere , roi , directeur ;* variantes de ce groupe, par l'échange de caractères homophones.

268 , 269.   Abréviations et forme *hiératique* du groupe précédent.

270.   ϹⲦΝ (ΟⲨϹΙⲣⲉ), (ΟⲨϹΙⲣⲉ) ϹⲦΝ, le *roi Osiris* ou l'*Osirien roi*, titre honorifique placé en tête de la légende royale des Pharaons *défunts.* Variantes de ce groupe symbolico-phonétique.

270 *a.*   Groupe composé du n.ᵒ 267 abrégé, et du caractère symbolique *abeille ;* titre royal, que l'on doit traduire simplement par *roi,* ou bien par *roi du peuple obéissant,* si l'on adopte le sens qu'Horapollon donne aussi à l'*abeille* (liv. I, S. 62).

271.   Ce caractère symbolique , affecté des marques du genre féminin , exprime l'idée *reine.*

N.ºs 272, 273. *La royauté, la puissance royale.*

274.   Symbole de la *domination sur la région supérieure.*

275.   Symbole de la *domination sur la région inférieure.*

276.   (ⲡϣⲉⲛⲧ), *pschent*, coiffure des dieux et des rois, formée de la réunion des deux précédentes, et symbole de la *souveraineté sur la région supérieure et la région inférieure.*

277.   (ⲱⲛϩ , ⲁⲛϩ), *la vie*, et plus proprement la *vie divine*, caractère symbolique ; nom, adjectif ou verbe, selon la place qu'il occupe dans les groupes.

278, 279. Caractère figuratif représentant l'idée *demeure, habitation ;* signe d'espèce qui accompagne les groupes exprimant les noms de divers édifices et constructions.

280.   (ⲏⲓ), *maison, demeure ;* même emploi que le précédent.

281.   *Grand édifice, habitation,* caractère figuratif suivi du signe d'espèce 278.

281, 282 *a*. Divers pluriels du caractère précédent.

283.   (ⲣⲡⲉ , ⲉⲣⲡⲉ), *temple ;* groupe formé du signe symbolique *dieu*, et du caractère figuratif *habitation* ou *demeure, demeure d'un dieu.*

284.   *Temple ;* variante du groupe précédent, accru du signe d'espèce 278.

284.   *Temples*, pluriel des groupes précédens.

285.   *Temple,* variante des groupes précédens. Celui-ci est composé du signe symbolique *dieu*, du caractère figuratif *seigneur*, renfermé dans le caractère figuratif *habitation* ou *demeure.*

286.   *Grand édifice*, groupe formé du caractère figuratif *demeure*, et du signe (n.° 445), *grand.*

287.   *Demeure de Phtah,* nom hiéroglyphe de la ville

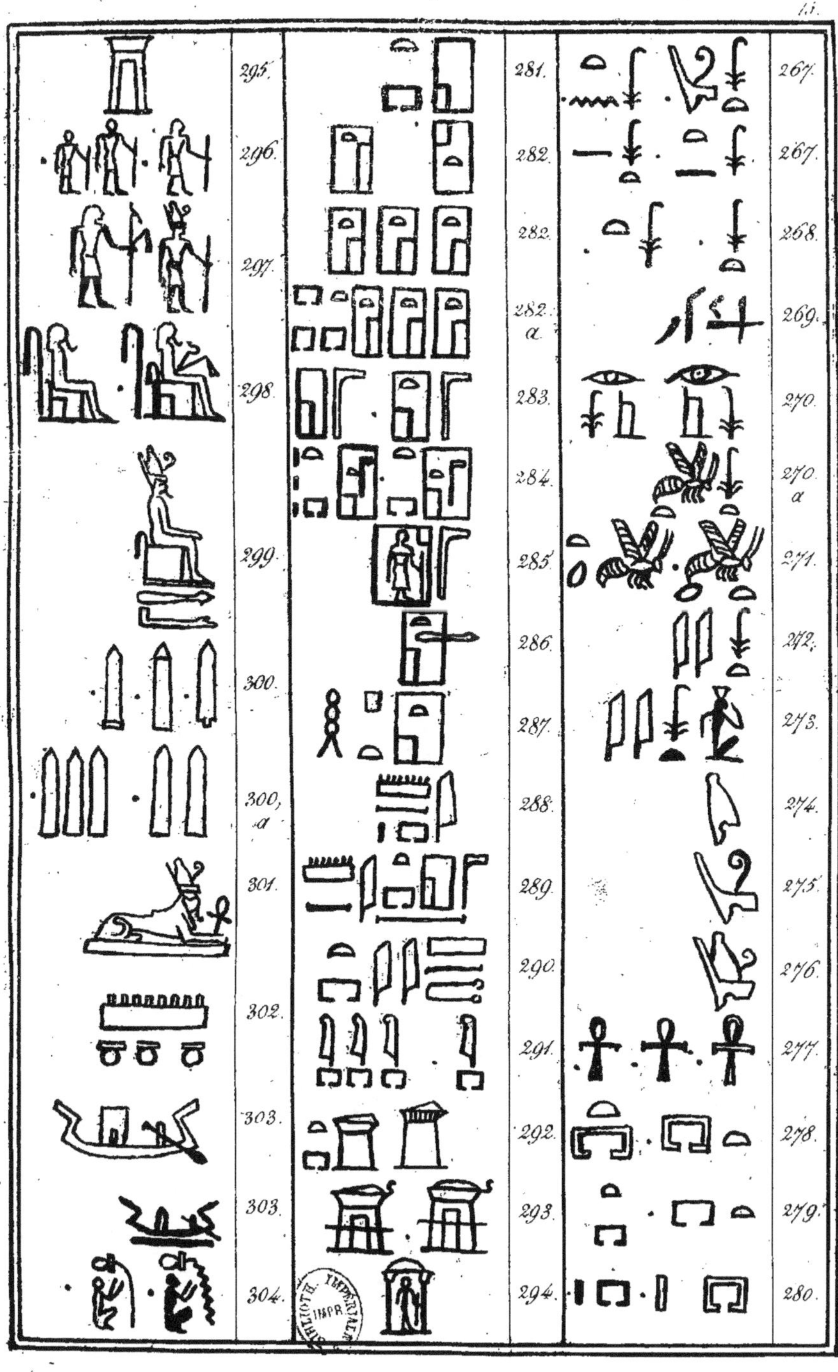
295.
296.
297.
298.
299.
300.
300, a
301.
302.
303.
303.
304.
281.
282.
282.
282. a
283.
284.
285.
286.
287.
288.
289.
290.
291.
292.
293.
294.
267.
267.
268.
269.
270.
270. a
271.
272.
273.
274.
275.
276.
277.
278.
279.
280.

de *Memphis* (Inscription de Rosette, lig. 9).
Groupe composé du caractère figuratif *demeure*,
et du groupe phonétique ⲡⲧⲁϩ ou ⲫⲧⲁϩ,
Phtah.

N.ᵒˢ 288. Ⲁⲙⲟⲩⲛ ⲏⲓ, *demeure d'Ammon*, paraît être le nom
hiéroglyphique de *Thèbes.*

289. (ⲡⲣⲡⲉ) ⲛ̄ⲁⲙⲟⲩⲛ, *le temple d'Ammon*; groupe
formé du n.° 284 (ⲣⲡⲉ), *temple*, de la préposition ⲛ̄ (n.° 33), *de*, et du nom phonétique
Ⲁⲙⲟⲩⲛ, *Ammon.*

290. ⲙⲛⲧⲏ, *Menté, Menti*, paraît être la transcription hiéroglyphique du nom de l'enfer égyptien, nommé Ⲁμεντης dans les auteurs grecs,
et ⲁⲙⲛⲧⲉ ou Ⲁⲙⲉⲛϯ dans les livres
coptes. — Ce groupe est terminé par le signe
d'espèce n.° 278.

291. (ⲣⲡⲉ, ⲉⲣⲡⲉ), *temple, hiéron*; groupe symbolique.

292. *Chapelle monolithe* placée au fond des sanctuaires
égyptiens, et renfermant l'image du dieu;
caractère figuratif, souvent suivi du signe
d'espèce ordinaire.

293. *Chapelle portative, châsse;* caractère figuratif.

294. *Chapelle, châsse*, renfermant l'image du dieu;
caractère figuratif, suivi du signe d'espèce.

295. *Porte d'enceinte;* caractère figuratif. Dédicace du
grand temple de Dendéra.

296. (ⲧⲛⲧⲱⲛ), *image, figure*, représentation d'un
personnage (Inscription de Rosette); caractère figuratif.

296 *a.* Pluriel du précédent. Inscription de Rosette.

297. *Image d'un roi* (Inscription de Rosette); carac-

tère figuratif; le personnage porte ici le *pschent*
et d'autres emblèmes de royauté.

N.ᵒˢ 298. *Statue* (d'un roi); caractère figuratif. Inscription de Rosette.

299. *Statue colossale* ; caractère figuratif combiné avec
le groupe (n.ᵒ 444), *grand.* Dédicace des
colosses de Louqsor.

300. (ⲭⲏⲣⲓⲛϭⲁⲓ), *obélisque* ; caractère figuratif.
Inscriptions des obélisques.

300 *a.* ϩⲁⲛⲭⲏⲣⲓ ⲛϭⲁⲓ, *obélisques* ; pluriel du précédent. Inscriptions des obélisques.

301. *Sphinx* placés devant les temples et formant des
avenues. Dédicace des sphinx de Ouady-Esse-
bouâ.)

302. Ce groupe , qui se présente dans toutes les dé-
dicaces d'édifices , paraît indiquer la *construc-
tion.*

303. (ⲃⲁⲣⲓ, ϫⲟⲓ), *barque, vaisseau;* caractère figuratif.

304. ⲟⲩⲏⲃ, ⲟⲩⲁⲃ, *prêtre, homme purifié, homme
pur.* Inscription de Rosette.

305. ⲛⲉⲟⲩⲏⲏⲃ, ⲛⲓⲟⲩⲏⲃ, *les prêtres,* pluriel du précédent.

306. ⲟⲩⲏⲃ, ⲟⲩⲁⲃ, *prêtre ;* variante du n.ᵒ 364.

307. Divers pluriels du groupe précédent.

308. (ⲙⲛⲧⲟⲩⲏⲏⲃ, ⲙⲉⲧⲟⲩⲏⲃ), *sacerdoce;* la fonc-
tion de prêtre. Inscription de Rosette.

308 *a. Offrande, offrir;* caractère symbolique.

308 *b. Libation, faire des libations ;* caractère symbolique.

308 *c. Adoration,* l'action d'*offrir l'encens;* caractère symbolique.

N.ºs 309. *Les honneurs* dus aux dieux ou aux rois (Inscription de Rosette), les *cérémonies prescrites* par la loi.

310. ⲥϧ, copte, ⲥⲁϧ, *écrire, écriture :* inscription de Rosette.

311. ⲥϧⲟⲩⲓ, copte, *idem, les scribes,* les hiérogrammates.

312. (ⲥϧⲁⲓ, ⲥϩⲁⲓ), *lettre, écriture, écrire ;* groupe symbolique, formé des divers instrumens nécessaires pour tracer les lettres : *la palette, le pinceau* ou *le roseau* et *le vase à encre.*

313. (ⲛⲉⲥϩⲁⲓ ⲛ̄ⲛⲉⲛⲟⲩⲧⲉ), *les lettres divines, l'écriture divine,* c'est-à-dire, *l'écriture hiéroglyphique :* inscription de Rosette.

314. (ⲥϩⲁⲓ) ⲛ̄ⲙⲃⲁⲉⲓⲛ, *caractère* ou *écriture de signes,* c'est-à-dire, *l'écriture populaire* ou *démotique :* inscription de Rosette.

315. ⲥϧ ⲓⲛⲛ (ⲥⲁϧ ⲓⲟⲩⲛⲓⲛ), *l'écriture ionienne,* c'est-à-dire, *l'écriture grecque :* inscription de Rosette.

316. *Stèle,* pierre monumentale portant une inscription : inscription de Rosette.

317. (ⲑⲱⲟⲩⲧⲥ. ϯⲱⲟⲩⲧⲥ), *panégyrie, congrégation, synagogue ;* réunion générale pour célébrer un jour de fête : inscription de Rosette.

317. *a.* Divers pluriels du caractère symbolique précédent.

318. Les *grandes panégyries ;* inscription de Rosette.

319. (ⲙⲁⲛⲉⲣϣⲱⲟⲩϣⲓ), *autel ;* caractère figuratif.

320. (ⲉⲁϣⲓⲣ), *encensoir,* patère pour offrir l'encens ; caractère figuratif.

321. (ⲥϯⲛⲟⲩϥⲉ), *encens, parfum ;* caractère figuratif.

N.ᵉˢ 322. *Vase de fleurs ;* caractère figuratif.

323. *Vase* renfermant une offrande ; caractère figuratif.

324. (ⲟⲩⲁⲃ, ⲙⲉⲧⲟⲩⲁⲃ), *purification, purifier.*

325. (ⲕⲉⲙⲕⲉⲙ ?) *sistre ;* caractère figuratif.

326. *Cuisse* de victime ; caractère figuratif.

327. ⲉϩⲉ, *bœuf,* ⲉϩⲏⲩ, *bœufs ;* caractères figuratifs.

328. *Antilope ;* caractère figuratif.

329, 330. (ϩⲧⲟ, ϩⲧⲱⲱⲣ), *cheval, chevaux ;* caractères figuratifs.

331. *Quadriges ;* caractères figuratifs.

332. *Tortue ;* caractère figuratif.

333. *Urœus ou aspi ;* caractère figuratif.

334. (ⲙⲁϣⲓ), *balance ;* caractère figuratif.

335. (ϣⲓⲉ), *poids ;* caractère figuratif.

336. (ⲫⲓϯ), *arc ;* caractère figuratif.

337. (ⲥⲟⲧⲃⲉϥ, ⲥⲟⲃⲛⲉϥ), *flèche,* flèches ; caractères figuratifs.

§. VIII. *Qualifications et titres honorifiques des dieux, des souverains et des simples particuliers.*

338. ϥⲧⲡⲛ̀ⲣⲏ, *l'éprouvé du soleil ;* titre porté par les défunts (copte, ϥⲧⲏⲡ ⲛ̀ⲣⲏ) : légendes des momies.

339. ϥⲧⲡⲛ̀ⲁⲙⲛ, *l'éprouvé d'Ammon ou par Ammon :* légendes des momies.

340. ϥⲧⲡⲛ̀ⲡⲧϩ ou ϥⲧⲡⲡⲧϩ, *l'éprouvé de Phtah :* légendes des momies.

341. ϥⲧⲡⲛ̀ (ⲟⲩⲥⲓⲣⲉ), *l'éprouvé d'Osiris ;* le nom du dieu est symbolique : légendes des momies.

N.ᵒˢ 342. ϤⲦⲠⲒⲚ (ⲎⲤⲈ), *l'éprouvé d'Isis* ; le nom de la
déesse est ici symbolique : mêmes légendes.

343. ϤⲦⲠⲒⲚⲀⲚⲠⲰⲒ , *l'éprouvé d'Anébô* ou *Anubis :*
mêmes légendes.

344. ϤⲦⲠⲒⲚⲤⲦⲎ , *l'éprouvé de Saté :* mêmes légendes.

345. ϤⲦⲠ (Ⲛ) ⲚⲈⲚⲞⲨⲦⲈ , *l'éprouvé des dieux* ou *par
les dieux :* mêmes légendes.

346. ⲘⲤ (ⲚⲈⲚⲞⲨⲦⲈ) ou ⲘⲤ (ⲚⲚⲈⲚⲞⲨⲦⲈ), *enfant
des dieux, engendré par les dieux* ; sens passif,
titre royal. — Sens actif, *générateur des dieux*
(copte, ⲘⲀⲤⲠⲚⲈⲚⲞⲨⲦⲈ), titre du dieu *Phré.*
— Variantes de ce groupe. — Obélisques.

347. ⲦⲀⲢ ⲘⲤ (ⲚⲈⲚⲞⲨⲦⲈ), ⲬⲢⲘⲤ (ⲚⲈⲚⲞⲨⲦⲈ),
sens actif. *Grande* ou *puissante génératrice des
dieux ;* titre de la déesse *Netphé*, fille du dieu
Phré. — Légendes des momies. — Bas-reliefs
des temples.

347 a. ⲢⲎ (ⲚⲞⲨⲦⲈ) ⲘⲤ (ⲚⲈⲚⲞⲨⲦⲈ), le dieu *Ré* (ou
Phré) *générateur des dieux.* — Obélisques.

348. ⲤⲚⲦ (ⲔⲈⲒ?) *soutien de l'Égypte* ou *vengeur de
l'Égypte.* Le groupe qui exprime l'Égypte, ou
plutôt le *pays,* la *contrée,* varie extrêmement
dans la disposition de ses signes. L'ordre dans
lequel ils sont toujours rangés dans l'inscription de Rosette (n.ᵒ 348 *a*), semble présenter
le mot ⲔⲈⲒ, copte, ⲔⲀϨ, ⲔⲈϨⲒ et ⲔⲀϨⲒ,
pays, contrée. — Variantes et abréviations de ce
groupe, qui est un des titres ordinaires du
dieu *Horus,* et de quelques autres divinités.

349. ⲘⲎ, ⲘⲀⲒ ou ⲘⲈⲒ (copte, ⲘⲈ, ⲘⲀⲒ et ⲘⲈⲒ),
aimant, si ce mot occupe le premier rang dans

la formation d'un mot composé ; *aimé* , lorsqu'il occupe le second.

N.⁰ˢ 350. **U.** Abréviation habituelle du groupe phonétique précédent.

350 *a.* ⲙⲏϥ ou ⲙⲉϳϥ , *aimant lui* ; titre des enfans mis en rapport avec leur père. — Stèles funéraires ; combinaison du groupe avec le pronom affixe.

350 *b.* ⲙⲏⲥ ou ⲙⲉϳⲥ , *aimant elle* ; titre des enfans mis en rapport avec leur mère.

351. **Uⲏ**, ⲙⲉϳ ou ⲙⲉϳ. Groupe homophone du groupe n.° 349 , et employé indifféremment.

351 *a.* Abréviations du groupe précédent.

352. **Ⲡⲧϩⲙⲉϳ** , *aimé par Phtah , chéri de Phtah* ; titre royal. — Abréviation de ce groupe.

353. **Ⲡⲧϩⲙⲉϳ** , variante du précédent. — Abréviation de ce groupe.

354. **Ⲁⲙⲛ̅ⲙⲉ** . pour ⲃⲙⲛ̅ⲙⲉϳ (*voyez n.* 351 *a*), *chéri d'Ammon ;* titre royal porté sur-tout par les Pharaons des XVIII.ᵉ et XIX.ᵉ dynasties, familles *Diospolitaines* ou originaires de Thèbes, la ville d'Ammon.

355. **Ⲁⲙⲛ̅ⲙⲉ** . pour **Ⲁⲙⲛ̅ⲙⲉϳ** , *chéri d'Ammon ;* variante du groupe précédent.

356. **Ⲁⲙⲛ̅ⲙⲉ** . pour **Ⲁⲙⲛ̅ⲙⲉ** , *donné par Ammon.*

357. **(Ⲁⲙⲛ)ⲙⲉϳ** et **Ⲁⲙⲛ̅ⲙⲉ** ., par abréviation, *aimé par Ammon , chéri d'Ammon ;* le nom phonétique du dieu est remplacé ici par le nom *figuratif* même. — Titre royal.

358. Variantes des groupes précédens. — Même sens.

359. **Ⲛⲟⲩⲃⲙⲉϳ** , *chéri de Chnoubis* ou *Chnouphis ;* titre du Pharaon Aménophis II.

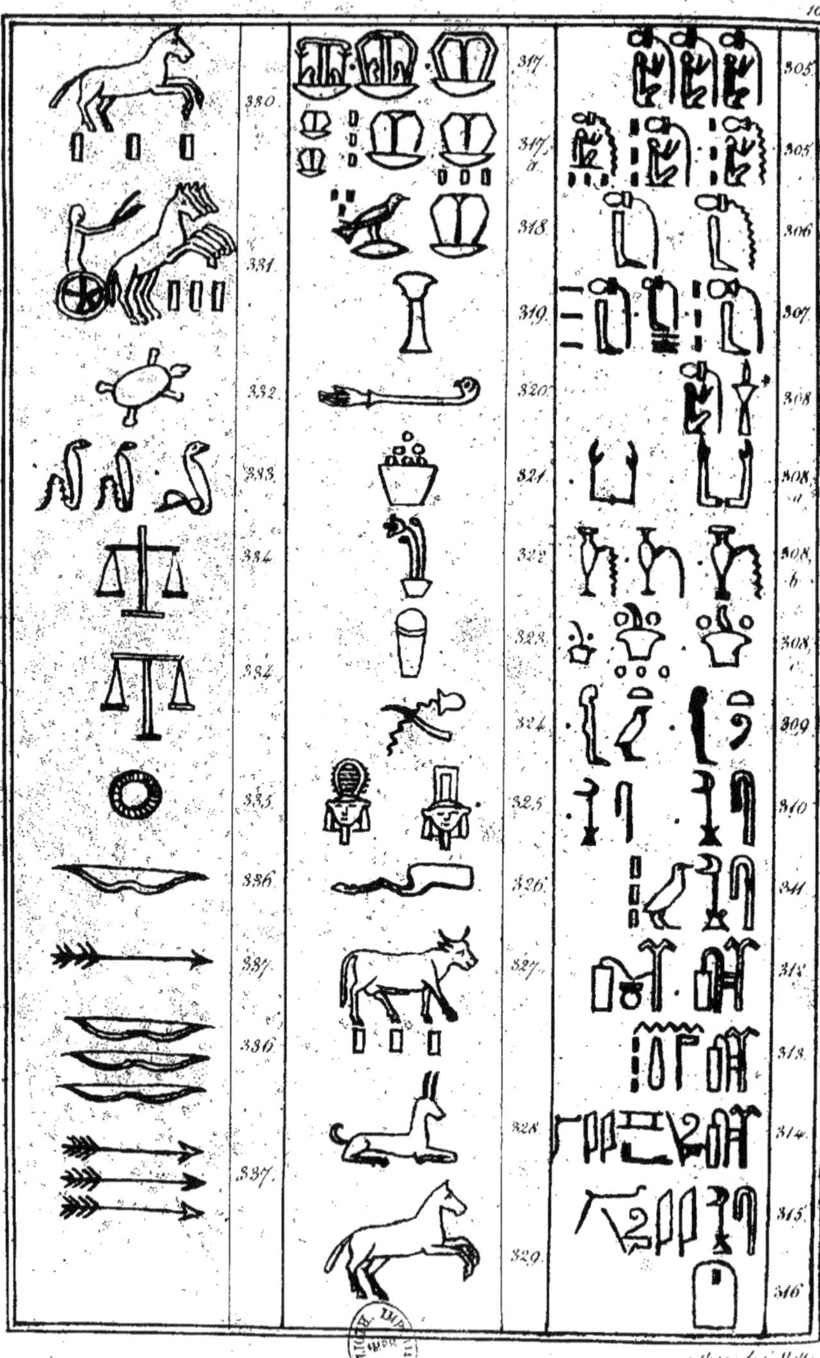
10
380
381
332
333
384
384
335
336
337
336
337
317
317.a
318
319
320
321
322
323
324
325
326
327
328
329
305
305
306
307
308
308.a
308.b
308.c
309
310
311
312
313
314
315
316

N.ᵒˢ 360. **Ноⲩⲃⲙⲁⲓ**, par abréviation **ноⲩⲃⲙ**., *chéri de Chnoubis*, variante du précédent : le nom du dieu est *figuratif*; titre d'Aménophis II.

361. **Рнⲙ.** pour **рнⲙⲁⲓ**, *chéri de Ré* (du *Soleil*). Abréviation du groupe suivant.

362. **Рн** (ноⲩⲧⲉ) **ⲙⲁⲓ**, *chéri du dieu Ré, aimé du dieu Soleil.* — Titre royal.

363. (**рн** ноⲩⲧⲉ) **ⲙⲁⲓ**, variante du précédent. Le nom du dieu est ici *figurativement* exprimé. — Titre royal.

364. (**рн** ноⲩⲧⲉ) **ⲙ**., abréviation du groupe précédent.

364 *a*. **рнⲙ**. pour **рнⲙⲁⲓ**, *chéri du Soleil* (ou *Ré*), variante du précédent. Ici le nom du dieu est *symbolique.*

365. **Ⲁⲙⲛрнⲙⲁⲓ**, *chéri d'Amonré* ou *d'Amonra ;* abréviation de ce groupe. — Titre royal.

366. **Ⲁⲙⲛрн-ⲥⲧⲏ-** (ⲛⲛⲉноⲩⲧⲉ) **-ⲙⲁⲓ**, *chéri d'Amonra, roi des dieux.* — Titre royal.

367, 368. Variantes et abréviations du titre précédent.

369. **Ⲁⲙⲛрн-** (ⲛⲏⲃ) **-ⲧ̄.ⲕ-ⲧо-ⲙⲁⲓ**, *chéri d'Amonré, seigneur des trois régions* (ou *des régions*) *du monde.* — Titre royal.

370. **Ⲁⲙⲛрн-ноⲩⲧⲉ-ⲛⲏⲃ-ⲧ̄ ⲕⲩ-ⲧо-ⲛⲏⲃ ⲡ̄ⲧⲡⲉ-ⲙⲁⲓ**, *chéri d'Amonré, seigneur des régions du monde, seigneur suprême.* — Titre royal.

371. (**Ⲁⲙⲛ-рн**) **ⲙⲁⲓ**, *chéri d'Amon-Ré ;* le nom du dieu est ici figurativement exprimé par l'image *d'Ammon* et celle de *Ré.* — Titre royal ; variante du n.ᵒ 365.

372. Variante du précédent.

N.ᵒˢ 373. Variante du précédent. Le nom d'*Amonré* est ici rendu par l'image d'*Amon*, et le disque du soleil *Ré*.

373 *a*. Abréviation pour ⲤⲦⲚ ⲚⲚⲈⲚⲞⲨⲦⲈ-ⲙⲁⲓ, *chéri du roi des dieux*. (*Voyez* les n.ᵒˢ 366 à 368.) — Titre royal.

374. *Aimé de Mars, seigneur du monde;* titre royal de Ramsès le Grand à Abydos. — Le nom du dieu est *figuratif*.

375. *Aimé de Mars*. Le nom du dieu est *figuratif*.

276. Ⲙⲁⲓⲡⲧⲁϩ, *aimant Phtah, chérissant Phtah;* titre d'un simple particulier. — Hypogées de Syouth.

377. (Ⲏⲥⲉ) ⲙⲁⲓ, *aimé d'Isis, aimé par Isis.*—Titre royal avec ses variantes.

378. Variante du précédent.

379. Ⲡⲧϩ (Ⲏⲥⲉ)-ⲙⲁⲓ, *aimé de Phtah et d'Isis.* — Titre royal.

380. Variante du précédent.

380 *a*. (Ⲏⲥⲉ) Ⲡⲧϩ- ⲙⲁⲓ, *aimé d'Isis et de Phtah.* — Titre royal.

381. (Ⲡⲧϩ-Ⲏⲥⲉ) ⲙⲁⲓ, *aimé de Phtah et d'Isis;* les noms des deux divinités sont *figuratifs*. — Titre royal.

382. (Ⲁⲙⲛ-Ⲏⲥⲉ) ⲙⲁⲓ, *aimé d'Ammon et d'Isis;* noms des divinités, *figuratifs*. — Titre royal.

383. (ϩⲁⲑⲱⲣ) ⲙⲁⲓ, *aimé d'Athôr* ou *Athyr*. Le nom de la déesse est *symbolique*.

384. *Aimé du puissant Arôeris (Horus* ou *Apollon).* — Titre royal; obélisques.

385. Ⲥⲧⲏⲙⲁⲓ, *aimé de Saté.* — Titre royal.

N.ºs 386. (ⲤⲦⲎ) ⲙⲁⲓ, *aimé de Saté;* variante du précédent. Le nom de la déesse est *figuratif.*

387. (ⲤⲦⲎ) ⲙ, *aimé de Saté;* variante du précédent.

388. ⲦⲰⲟⲩⲧ - ⲚⲎⲂ - ⲡ̄ ⲚⲔⲁⲣ-ⲙⲁⲓ , *aimé de Thoth, seigneur des huit contrées.* — Titre royal.

389. ⲤⲔⲣ Ⲛⲟⲩⲧⲉ ⲟⲩⲥⲓⲣⲉ Ⲛⲟⲩⲧⲉ Ⲛⲁⲁϥ ⲚⲎⲂ ⲙⲚⲧⲎ-ⲙⲁⲓ , *aimé de Socharis et d'Osiris, dieu grand, seigneur de l'Amenté.* — Titre royal.

390. ⲣⲱⲣ . . . ⲥⲓ ⲟⲩⲥⲓⲣⲉ ⲙⲁⲓ, *aimé d'Horus . . . enfant d'Osiris. .* — Titre royal.

391. *Aimé d'Hercule :* le nom du dieu est *figuratif;* variante de ce groupe. — Titre royal.

391 *a. Aimé d'Hercule;* variante des précédens.

392. ⲚⲈⲚⲟⲩⲧⲉ-ⲙⲁⲓ, *aimé des dieux.* — Titre royal.

393. ⳙ-ⲁⲙⲛ pour ⲙⲁⲓⲁⲙⲛ , *aimant Ammon, l'ami d'Ammon.* — Surnom royal.

394. ⳙⲁⲓ (ⲚⲈⲚⲟⲩⲧⲉ) , *aimant les dieux, l'ami des dieux.* — Abréviation.

395. *Manifesté, visible, brillant.*

396. ⲤⲦⲡ, *distingué, choisi, être approuvé.*

397. Groupe synonyme, mais non pas *homophone,* du précédent. *Approuvé, distingué.*

498. *Approuvé par Phtah.* — Titre royal.

399. *Approuvé par le soleil.* — Titre royal.

400. *Approuvé par Ammon;* le nom du dieu est *figuratif.* — Titre royal.

401. *Approuvé par Ammon;* le nom du dieu est *phonétique.*

402. *Approuvé par Chnoubis;* le nom du dieu est *figuratif.* — Titre royal.

N.ᵒˢ 403. *Approuvé par Horus ;* le nom du dieu est *figuratif.*—Titre royal.

404. *Approuvé par Amon-ré ;* le nom du dieu est *figuratif.*—Titre royal.

405. ⲤⲈⲢⲎ, ⲤⲒⲢⲎ ou ϢⲈⲢⲎ, *fils du Soleil.*—Titre royal.

406. ⲦⲤⲈⲢⲎ ou ⲦϢⲈⲢⲎ, *fille du Soleil.*—Titre de certaines déesses.

407. ⲤⲈⲘⲘⲚ et ⲀⲘⲘⲚⲤⲈ, *fils d'Ammon, enfant d'Ammon.*—Titre royal.

407. a. *Fils de Mars.* Le nom du dieu est phonétique. La valeur du second des caractères qui le composent est encore inconnue. — Titre royal.

408. ⲤⲈ-ⲤⲘⲤ-ⲚⲢⲎ (ⲚⲞⲨⲦⲈ), *fils préféré du soleil.* — Titre royal.

409. ⲤⲈ-ⲤⲘⲤ-Ⲛ-ⲢⲎ, variante du précédent.

410. ⲤⲈ-ⲢⲎ-ⲘⲀⲒϤ, *fils du Soleil qui l'aime ;* Ηλιου παις χϥ υπο Ηλιου Φιλουμενος. — Titre royal, avec son abréviation.

411. ⲤⲈϤⲘⲈⲒϤ ou ϢⲈϤ-ⲘⲀⲒϤ, *son fils qui l'aime.* —Titre des enfans mâles des défunts, figurés sur les stèles funéraires. — Diverses variantes.

412. ⲦⲤⲈϤ ⲘⲈⲒϤ, *sa fille qui l'aime* (le père), féminin du précédent. —Stèles funéraires.

412 a. ⲤⲈⲤ ou ϢⲈⲤ ⲘⲈⲤⲈ, *son fils qui l'aime* (la mère). *Idem.*

412 b. ⲦⲤⲈⲤ ou ⲦϢⲈⲤ ⲘⲈⲤⲤ, *sa fille qui l'aime* (la mère). — Stèles funéraires.

412 c. ⲤⲈⲔ ou ϢⲈⲔ-ⲘⲈⲒⲔ, *ton fils aimant toi.*—Titre d'Horus ou d'Arôeris, mis en rapport avec son père.

N.ºˢ 413. ⲢⲎⲤⲒ ou ⲢⲎⲤⲈ, *enfant du Soleil.*—Titre royal.

414. ⲢⲎⲤⲒ ou ⲢⲎⲤⲈ, *enfant du Soleil ;* variante du précédent.

415. *Seigneur, maître, ϰυϱιος ;* caractère symbolique répondant au mot égyptien ⲚⲎⲂ, *seigneur,* qui s'écrit ⲚⲈⲂ dans les mots composés.

416. ⲦⲚⲎⲂ, *dame, ϰυϱια ,* forme féminine du caractère précédent.

417. ⲚⲈⲂⲦⲞ ou ⲚⲈⲂⲐⲞ, *seigneur du monde.*—Titre des dieux et des rois.

418. ⲚⲈⲂⲔ . Ⲧ, abréviation qui signifie *seigneur des contrées* ou *des trois contrées.*

419. ⲚⲈⲂⲔ ⲦⲦⲐⲞ ou ⲦⲞ, *seigneur des trois contrées du monde.* — Titre des dieux et des rois.

420. ⲚⲈⲂ Ⲏ ⲚⲔⲀϨ, *seigneur des huit régions.*—Titre particulier du dieu Thoth, l'Hermès égyptien

421. ⲚⲈⲂⲠⲈ, *seigneur du ciel.* — Titre des dieux.

422. ⲦⲚⲈⲂⲠⲈ, *dame du ciel.*—Titre des déesses.

423. ⲚⲈⲂⲞⲨⲈ, ⲚⲎⲂⲞⲨⲒ, pluriels *symbolique* et *phonétique* du caractère n.º 415, *seigneurs,* Ⲕυϱιοι.

424. ⲚⲈⲂⲚⲈⲚⲞⲨⲦⲈ, *seigneur des dieux.* — Titre des grandes divinités de l'Égypte.

425. ⲚⲈⲂ ou ⲚⲎⲂ ⲚⲚⲈⲦⲚⲀⲚⲞⲨⲞⲨ, *seigneur des biens, ευχαϱιστος.* — Groupe symbolique.

426. ⲚⲞⲨⲦⲈ ⲚⲎⲂ, *dieu seigneur.* — Titre divin ; ϰυϱιος θεος.

427. ⲦⲚⲞⲨⲦⲈ-ⲚⲎⲂ, *déesse dame, ϰυϱια θεα.* — Titre divin.

428. ⲚⲈⲚⲞⲨⲦⲈ ⲚⲎⲂⲞⲨⲈ, *les dieux seigneurs,* pluriel du n.º 426.

N.ºs 429. ΝΗⲂ ⲠⲦⲠⲈ, *seigneur de la région céleste* ou *supérieure, seigneur suprême.* — Titre des dieux.

430. ΝⲉⲂΗⲒ, *seigneur de maison*, chef de *maison.* — Titre ordinaire des simples particuliers dans les inscriptions funéraires et autres.

431. ⲦⲚⲈⲂΗⲒ, *dame de maison, maîtresse de maison.* — Titre honorifique des femmes mentionnées dans les inscriptions.

431. *a.* (ΝΗⲂ), *seigneur;* caractère *figuratif.*

432 et 433. ⲘⲚ ou ⲘΗⲚ, *établi, stable, permanent.* Ce groupe entre dans la composition des titres suivans.

434. ⲣΗ-ⲘⲚ, *établi par le Soleil.* — Titre royal.

435. ⲠⲦϩⲘΗⲚ, ⲠⲦϩⲘⲚ, *établi par Phtah.* — Titre royal.

436. Variante du titre précédent.

437. ⲀⲘⲚⲘΗⲚ, ⲀⲘⲚⲘⲚ, *établi par Ammon.* — Titre royal.

438. Ⲙⲣⲉ. Ⲙⲣ. Ⲙⲣⲣ, *chérir, aimer* (copte ⲘⲈⲣⲈ).

439. Ⲙⲣⲉϥ, Ⲙⲣϥ, *aimant lui*, ou dans le sens passif, *chéri, aimé.* — Stèles funéraires.

440. ⲘⲣⲉⲤ, ⲘⲣⲤ, *aimant elle*, ou dans le sens passif, *chérie, aimée.* — Stèles funéraires.

440 *a.* ⲦⲨⲉϥ ... ΝΟⲨⲦⲈ-ⲦⲨϥ-ⲦϥⲚⲦΝΟⲨⲦⲈ Ⲙⲣⲣ. *Chéri de son père* (ou *parent*) (le dieu Hercule), *et de sa parente la déesse* Tafné. — Titre royal.

441. ΝⲀΝⲈ, ⲠⲈⲦΗⲀ̅ΝΟⲨϥ, *bon, bien, bienfait*, caractère *symbolique.*

442. ΝΟⲨⲦⲈ ΝⲀΝⲈϥ, *dieu bon.* — Titre commun à toutes les divinités ainsi qu'aux rois.

(45)

N.ᵒˢ 443-444. Variations du groupe exprimant l'idée *grand*, μεγας, dans les textes hiéroglyphiques.

445. Abréviations des groupes précédens.

445. *a. Grand et grand*, μεγας ϧⲏ μεγας, *deux fois grand;* titre particulier au dieu Thoth, l'Hermès égyptien. — Obélisques, manuscrits funéraires, &c.

446. à 449. Variantes et abréviations d'un groupe nécessairement *phonétique*, ⲠⲞⲨⲒ, ⲠⲞⲨⲎ, ⲠⲨⲒ ou ⲠϬⲨⲒ, qui accompagne habituellement les noms propres de divinités dans les manuscrits funéraires ; c'est un titre honorifique qui semble se rapporter à la racine égyptienne ϬⲨ ou ϨⲨ, *garder, conserver.*

450. Variantes et abréviations du groupe qui termine tous les noms propres d'individus *morts*, soit rois, soit simples particuliers.

FIN DE L'EXPLICATION DES PLANCHES.

Titres et Qualifications
des Dieux, des Rois
et des simples Particuliers.

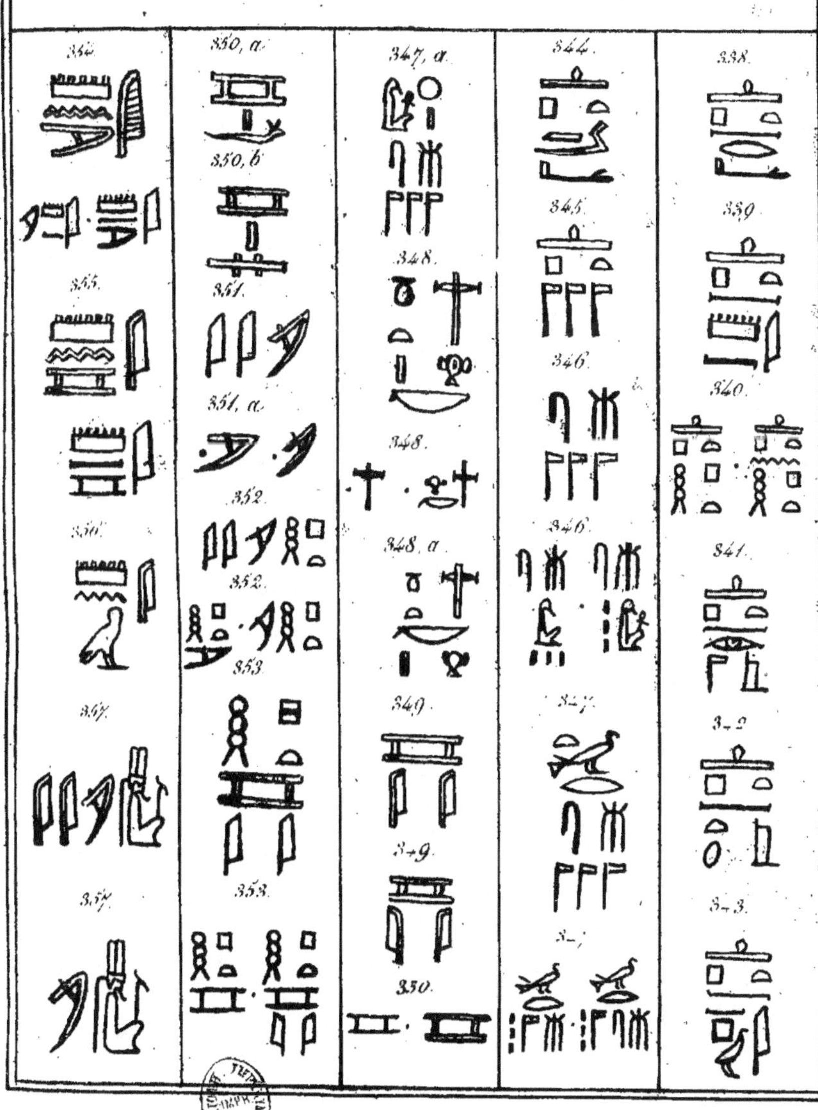

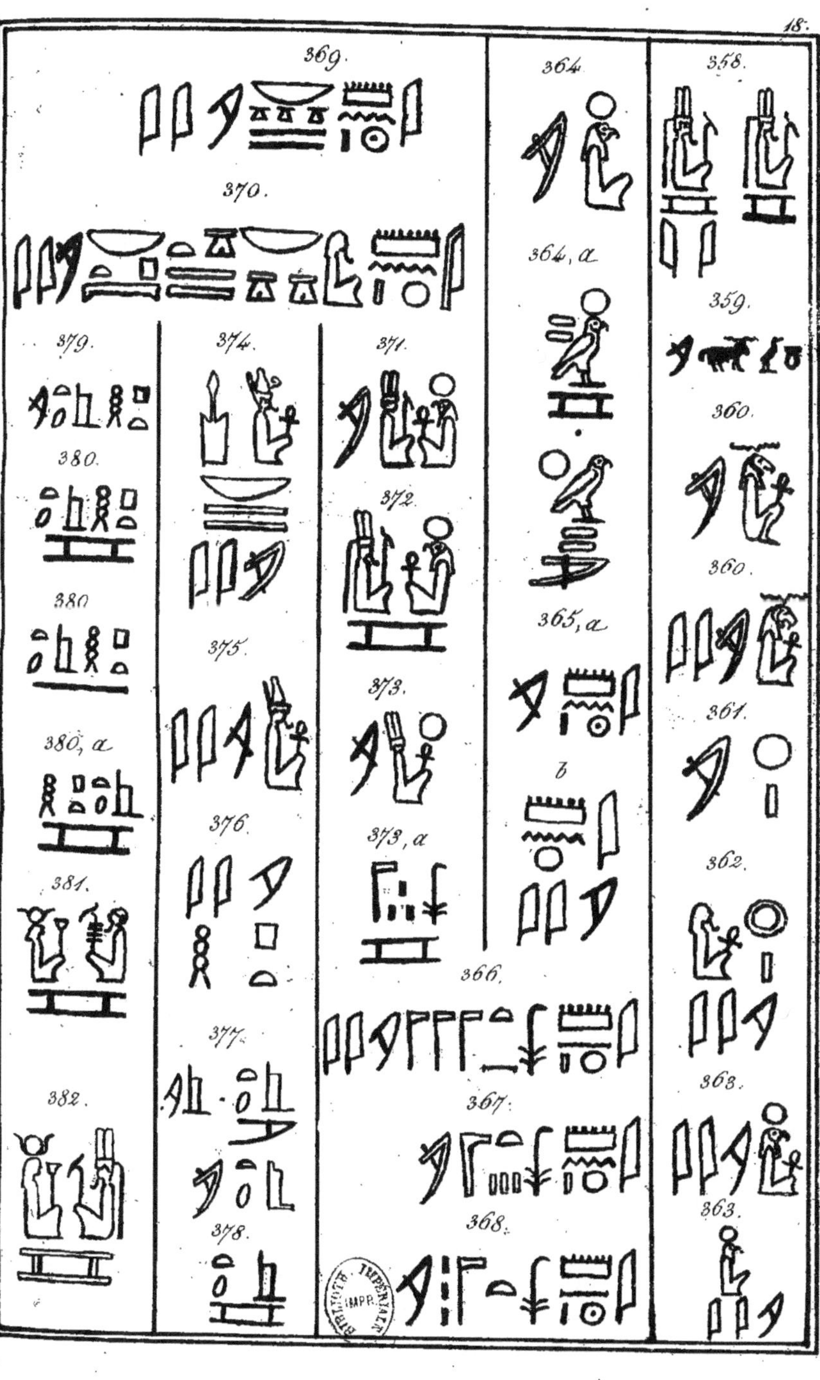
369.
370.
379.
374.
371.
380.
372.
380
375.
373.
380, a.
376.
373, a.
381.
377.
366.
382.
367.
378.
368.
364.
364, a.
365, a.
b.
358.
359.
360.
360.
361.
362.
363.
363.

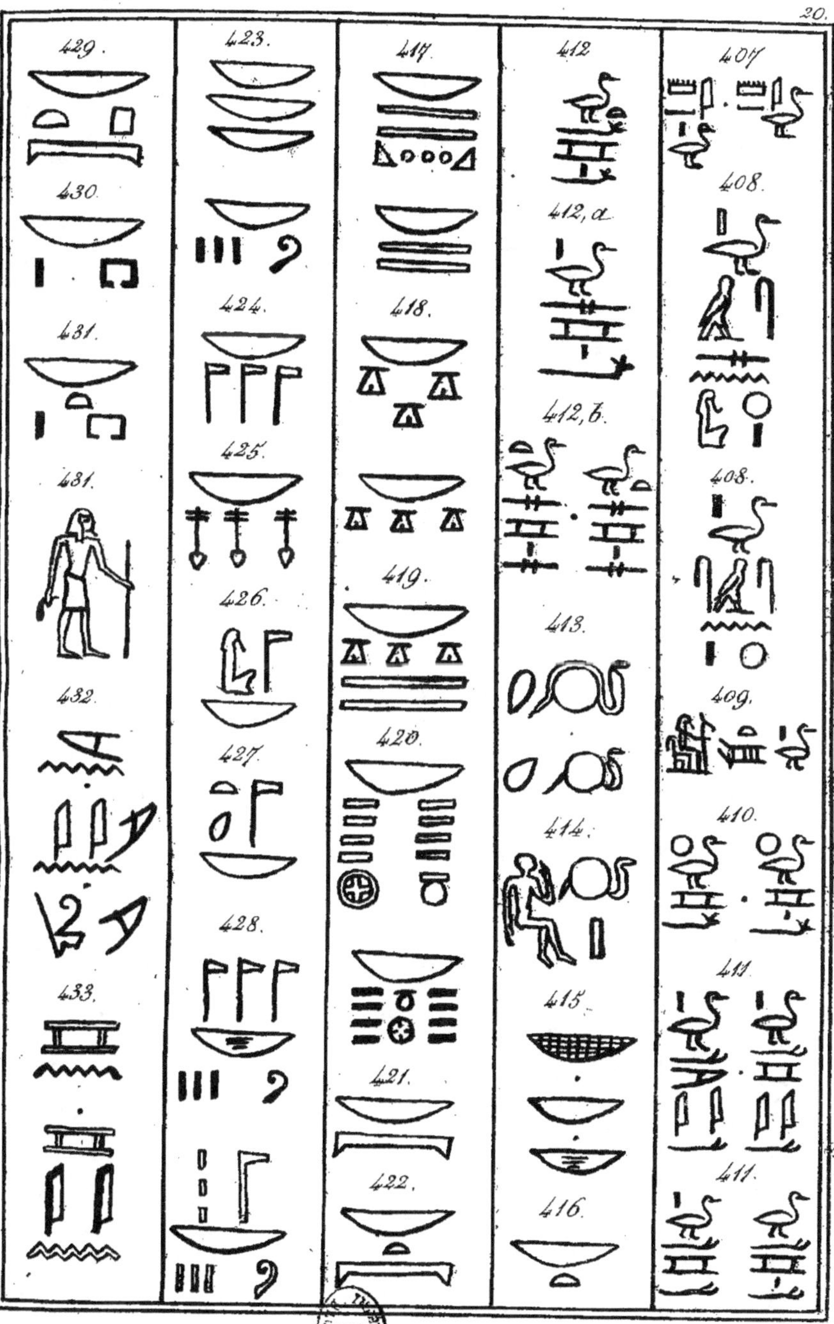

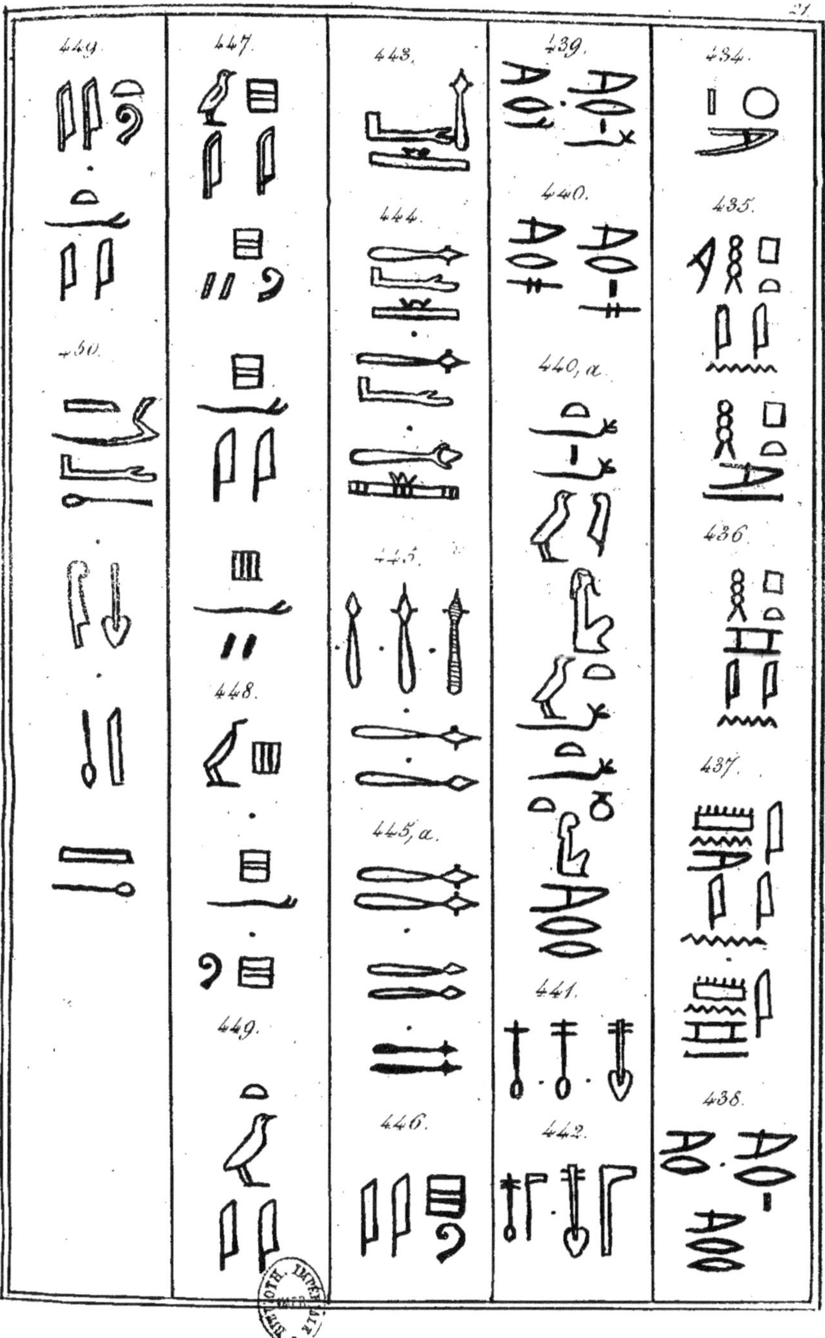

HIÉROGLYPHES PHONÉTIQUES.

Alphabet Harmonique:

Hebreu, Copte, Grec et Egyptien.

	Hiéroglyphes purs:	Hiéroglyphes Linéaires:	Hiératique	Démotique.
1.				
2.				
3.				
4.				
5.				
6.				
7.				
8.				
9.				

10.			
11.				(1)
12.			
13.			
14.			

Ⴑ . R ‑ T . B ‑ Y .

15.			
16.			
17.			
18.			
19.			

λ . ⌐ . Γ ‑ F ‑ K

20.			
21.			

Ⴁ . Π . Δ ‑ T . Δ ‑ T ;

22.			

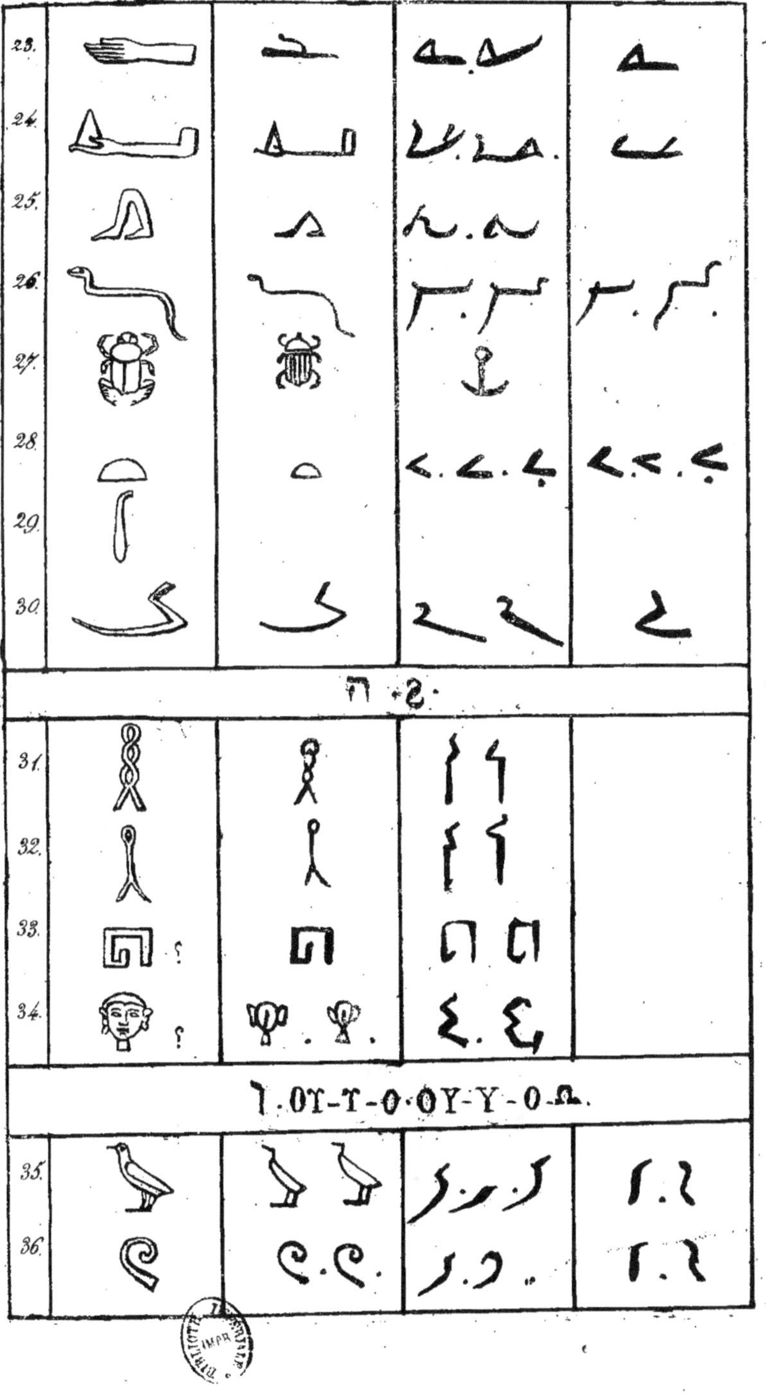

B

| 37. | | | | |
| 38. | | | | * |

П · Ь

| 39. | | | | |

Ч · Ө · Ө

| 40. | | | | |
| 41. | | | | |

ᔆ · I · EI · Î · EI · H .

42.				
43.				
44.				
45.				
46.				

Ͻ · R · K .

| 47. | | | | |
| 48. | | | | |

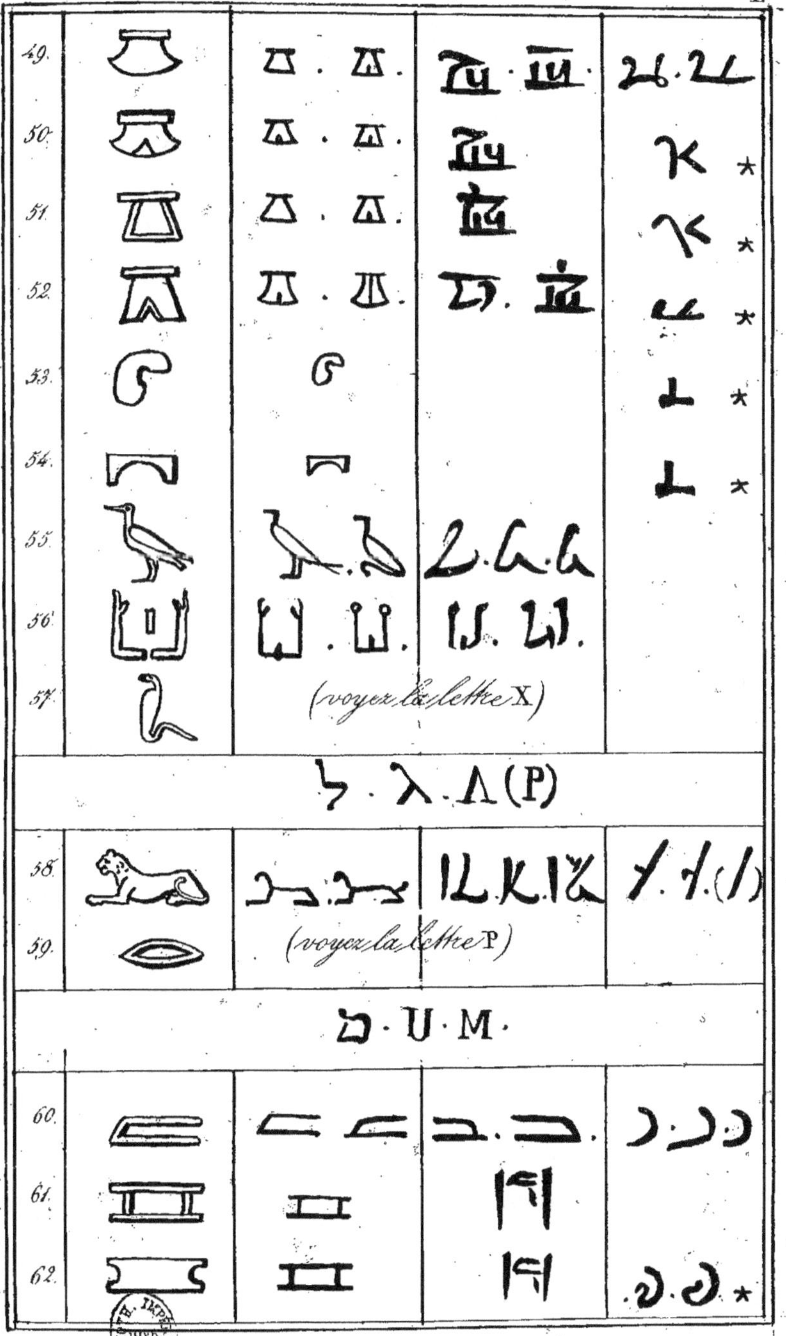

49.			
50.			
51.			
52.			
53.			
54.			
55.			
56.			
57.		*(voyez la lettre X.)*	

Ϧ . λ . Λ (P)

| 58. | | *(voyez la lettre P.)* | ✓ . ✓ (l) |
| 59. | | | |

Ϧ . U . M .

60.			
61.			
62.			

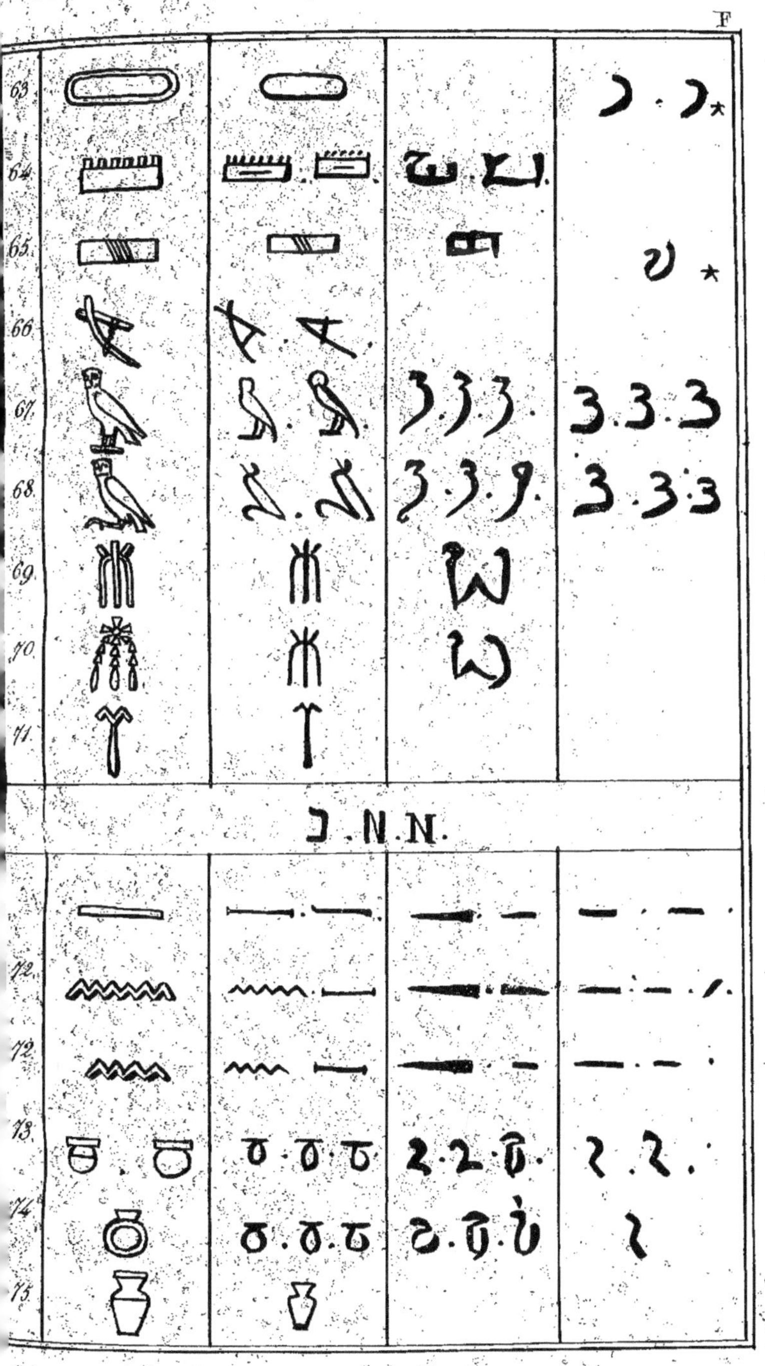

63
64
65
66
67
68
69
70
71
ᒍ . N . N .
72
72
73
74
75

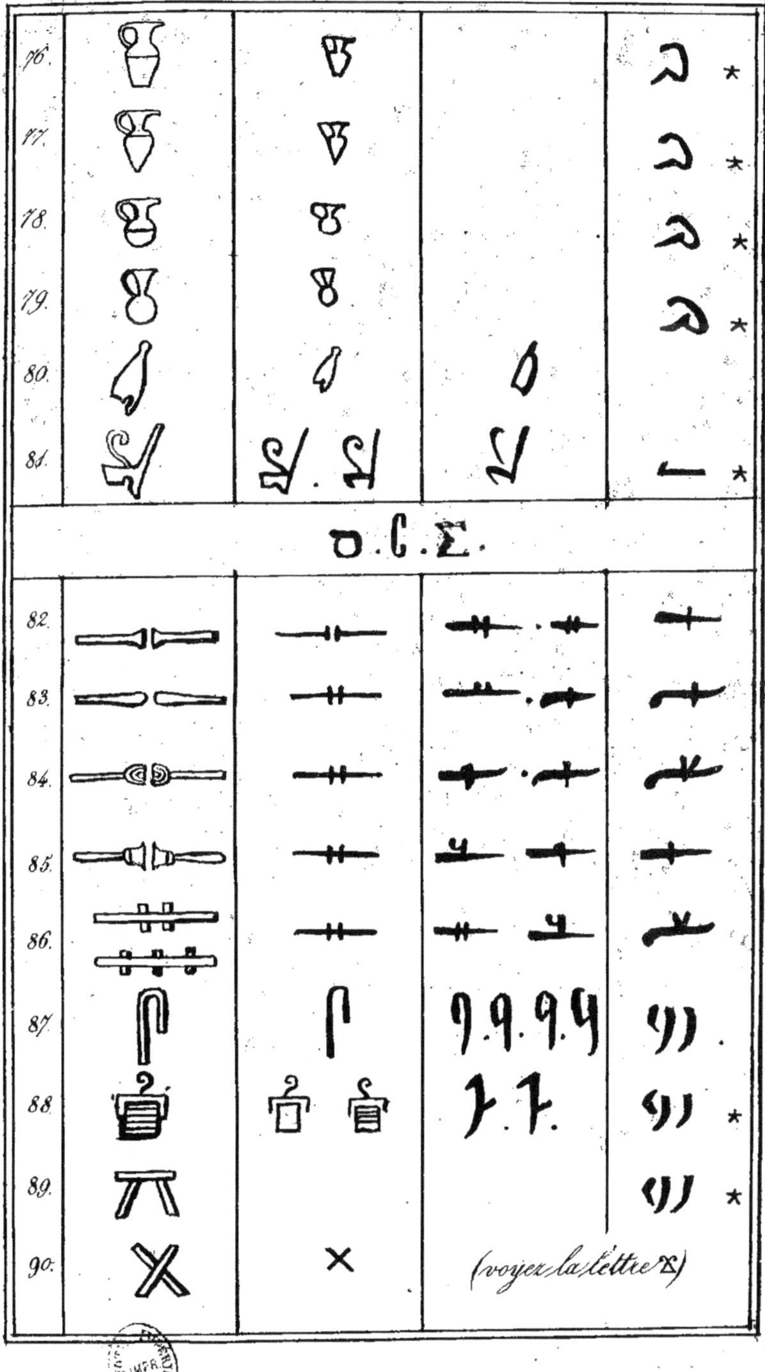
76.
77.
78.
79.
80.
81.
Ɔ.Ϲ.Σ.
82.
83.
84.
85.
86.
87.
88.
89.
90.
(voyez la lettre Ξ)

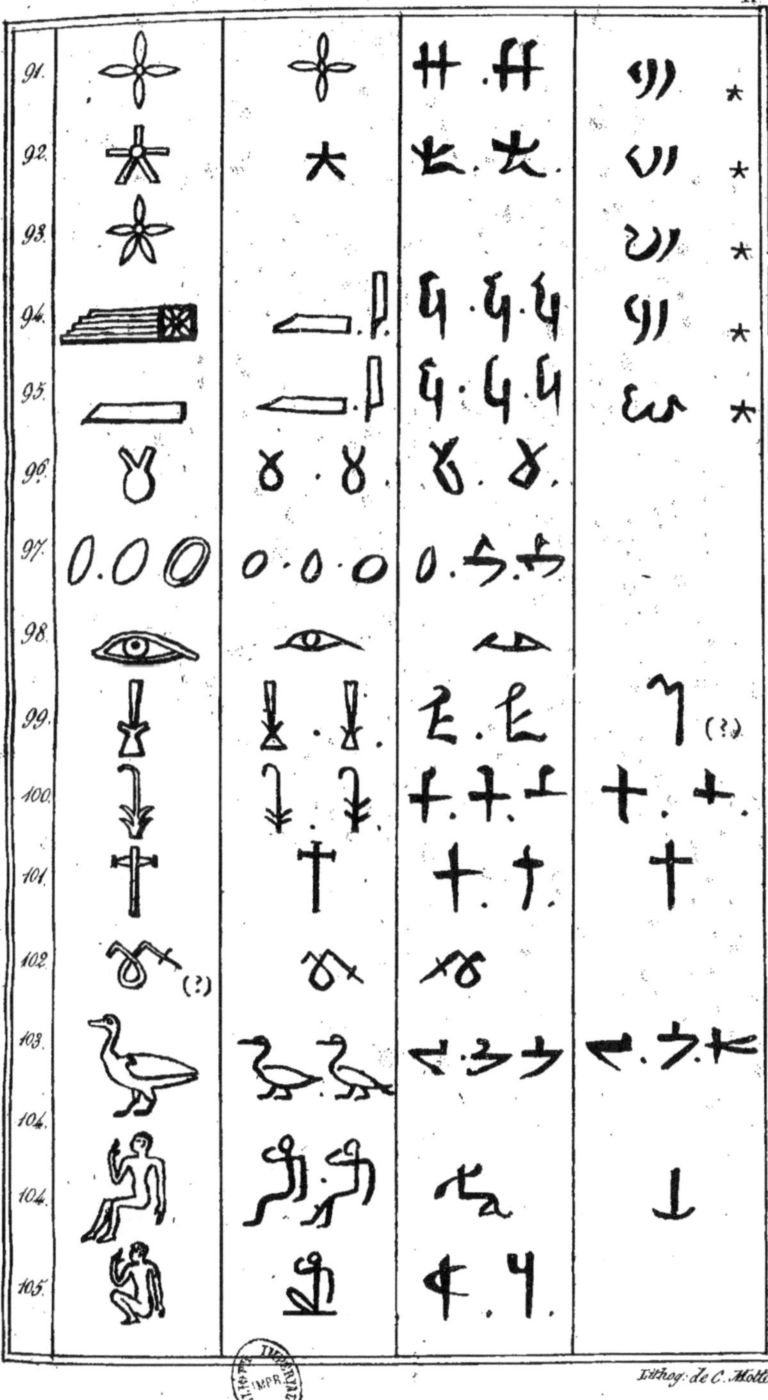

Ꙅ . Π_Φ . Π-Φ

| 106. | | | | |

Ⲩ . Ⲝ .

| 107. | | | | |
| 108. | | | | |

Ρ . Χ . . Χ .

| 109. | | | | |

⁊ . Ρ-(λ) . Ρ-(Λ) .

110.				
111.				
112.				
113.				
114.				
115.				
116.				
117.				

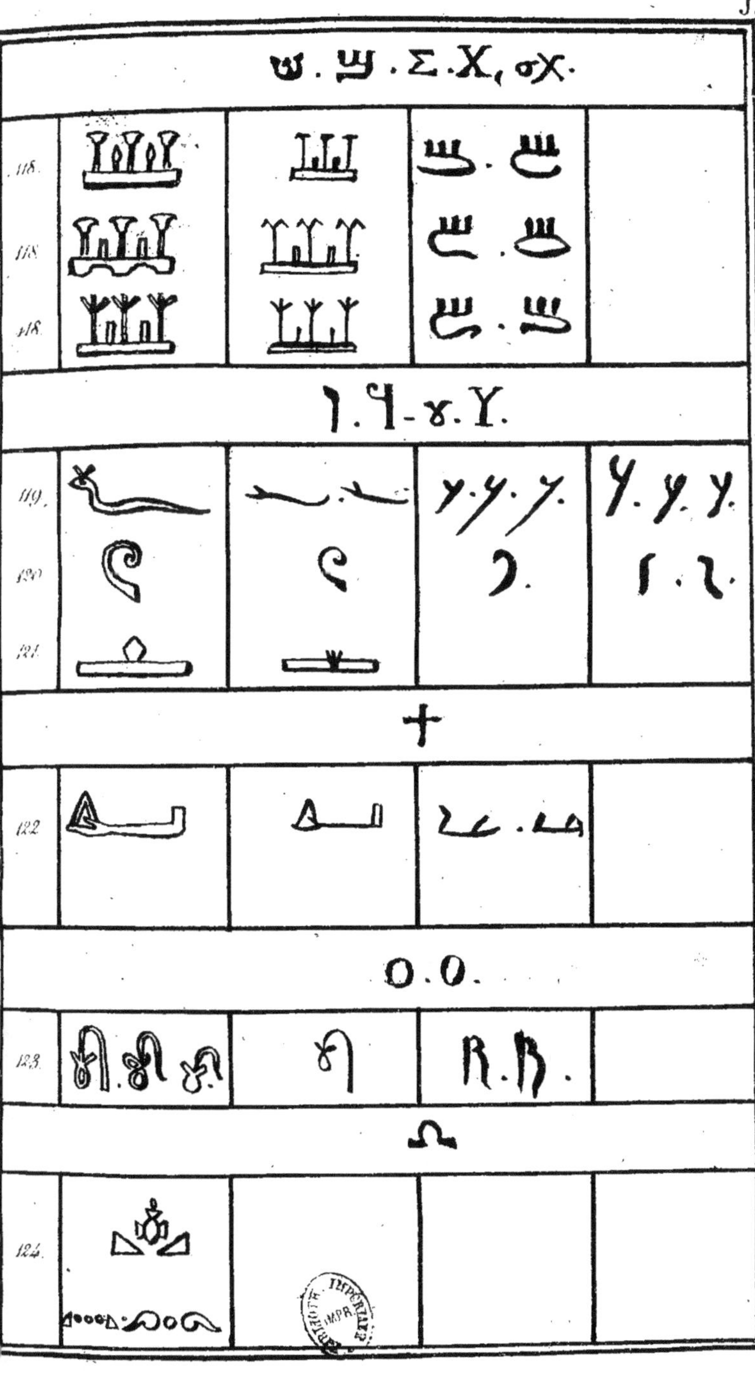

I . H . ΕΙ . ΑΙ .

| 125. | | | * |
| 126. | | | * |

Ξ . Ξ .

| 127. | | | |
| 128. | | | |

Ψ . Ψ .

| 129. | | | |
| 130. | | | |

ω ꝛ . ΜΑ .

| 131. | | | |

ωΝ .

| 132. | | | |

ΤΟ . ΤШ .

| 133. | | | |
| 134. | | | |

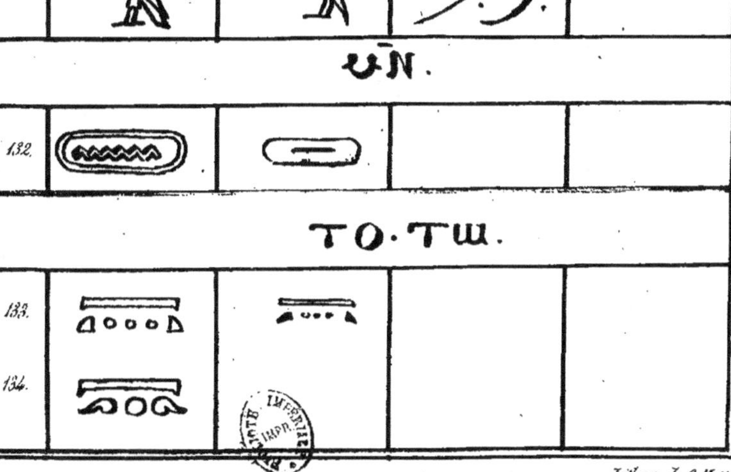

Lithog. de C. Motte.

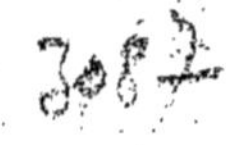